»Kinder
sind
Kinder« 30

Angelika Gregor

Was unser Baby
sagen will

Mit einem Geleitwort von Manfred Cierpka

Mit 48 Abbildungen

Ernst Reinhardt Verlag München Basel

Dr. phil. Dipl.-Psych. *Angelika Gregor*, Kinder- und Jugendlichenpsy-chotherapeutin, Bensheim, ist in der Eltern-, Säuglings- und Kleinkind-beratung sowie in der Kinder- und Jugendpsychiatrie tätig, auch als Referentin und Fortbildungsleiterin

Coverfoto: © irisblende.de

Fotos im Innenteil: Angelika Gregor, Bilderbox (S. 2–3, 15), irisblende.de (S. 17)

Bibliografische Information der Deutschen Nationalbibliothek

Die Deutsche Nationalbibliothek verzeichnet diese Publikation in der Deutschen Nationalbibliografie; detaillierte bibliografische Daten sind im Internet über <http://dnb.d-nb.de> abrufbar.
ISBN 978-3-497- 01927-4
ISSN 0720-8707

© 2008 by Ernst Reinhardt, GmbH & Co KG, Verlag, München

Printed in Germany
Reihenkonzeption Umschlag: Oliver Linke, Augsburg
Satz: Fotosatz Reinhard Amann, Aichstetten

Ernst Reinhardt Verlag, Kemnatenstr. 46, D-80639 München
Net: www.reinhardt-verlag.de E-Mail: info@reinhardt-verlag.de

Inhalt

Geleitwort

Dies ist ein Buch für Eltern, die ein Baby erwarten oder gerade ihr Baby bekommen haben. Die meisten Eltern freuen sich auf ihr Baby und auf eine gemeinsame glückliche Zeit. Am Ende der Schwangerschaft fragen sie sich, wie es wohl aussehen und was für ein kleines Wesen es wohl sein wird. Sie sehnen sich nach dem Austausch mit dem Baby, und es macht sie glücklich, wenn sie die Zufriedenheit dieses kleinen Menschen beim Schlafen, beim Trinken und beim ersten gemeinsamen Spielen spüren. Die meisten Eltern wissen auch, wie sie mit dem Baby umgehen sollen. Fast drei Viertel der Eltern nehmen an den Geburtsvorbereitungskursen der Hebammen teil, immerhin 40% kommen als Paar. Sie haben sich also gut vorbereitet und wissen, wie man das Baby wickelt, wie man es badet und wie man es zum Schlafen bringt.

Wissenschaftler haben erforscht, dass Eltern in der Regel mit Kompetenzen ausgestattet sind, die es ihnen erlauben, mit dem Baby intuitiv zu kommunizieren. Sie sprechen mit ihm, indem sie ihre Sprechweise und die Tonlage verändern, eine einfache Sprache wählen, sich mit dem Kopf nah über das Kind beugen. Sie wissen die Botschaften ihres Kindes zu deuten und antworten entsprechend auf diese Signale. In den ersten Lebensmonaten lernen sie das Baby zu verstehen. So kann sich eine stabile Beziehung zwischen den Eltern und dem Baby entwickeln.

Das vorliegende Buch macht deutlich, dass die Sprache eines Babys noch besser verstanden werden kann, wenn man lernt und übt, diese Signale wahrzunehmen und auf sie zu achten. So wie man im „Wickelkurs" die Säuglingspflege lernen kann, ist es für Eltern auch möglich, sich auf die Kommunikation mit dem Baby in den ersten Lebensmonaten vorzubereiten. Auf diese Weise können Missverständnisse und manchmal sogar Konflikte in der Beziehung zwischen Eltern und Kind vermieden werden. Gerade bei temperamentvolleren und leichter irritierbaren Babys oder auch bei sehr ruhigen Säuglingen kann es hilfreich sein, die weniger deutlichen Signale zu suchen, um diese angemessen beantworten zu können.

Dieses praxisorientierte Buch wird den Eltern eine Hilfe sein. Fotos demonstrieren die Botschaften des Babys an die Umgebung beispielhaft. Der Text sensibilisiert Eltern, sich auf die Kommunikationsmöglichkeiten eines Säuglings einzulassen. Das Buch informiert, wie der frühe Dialog zwischen Eltern und Baby zustande kommt, wie er gelingt und wie er manchmal auch gestört wird. Viele Eltern werden nach der Lektüre dieses Buches sensibler auf die „Sprache" ihres Babys achten. Ergänzend ist die Teilnahme an einem Elternseminar anzuraten, in dem gemeinsam mit anderen Eltern gelernt wird, die Signale ihres Babys besser zu verstehen. Diese Elternvorbereitungskurse heißen „Das Baby verstehen" und werden schon von einigen Hebammen angeboten (siehe auch www.focus-familie.de). Fragen Sie einfach nach dem Kurs! Ich wünsche dem Buch, dass es für viele Eltern ein guter Begleiter wird.

Prof. Dr. med. Manfred Cierpka

Heidelberg, September 2007

Vorwort

Eltern verfügen im Allgemeinen über ein tiefes Wissen darüber, angemessen mit ihrem Baby umzugehen. Sie erkennen die Befindlichkeiten und Bedürfnisse ihrer Kleinsten und verfügen über die Fähigkeit, darauf spontan einzugehen, so, wie es für das Baby im Moment richtig ist – ohne erst darüber nachzudenken. Diese allen Eltern eigene Weisheit macht die Verbundenheit mit dem Anfang des Lebens aus.

Heutzutage stehen Eltern in der (meist anstrengenden) Phase der Familiengründung jedoch häufig allein da. Ihre Aufmerksamkeit gegenüber Kindern hat stark zugenommen, ist doch die Bedeutung der Kindheit im Laufe der Jahrhunderte einem beständigen Wandel unterworfen gewesen. Rückhalt und Sicherheit sind im persönlichen Umfeld aber nicht unbedingt garantiert. Die mit gesellschaftlichen Veränderungen einhergehenden Rollenkonflikte können bisher Selbstverständliches komplizieren. So ist es nicht ungewöhnlich, dass der Zugang zu dem Teil in unserem Inneren, der weiß, wie elterliche und kindliche Seele sich verbinden, verschlossen ist. In der ersten Zeit mit einem Baby können sich zwischen diesem und seinen Eltern Missverständnisse einschleichen. Sie stehen der Entfaltung des ersehnten Elternglücks dann mehr oder weniger im Wege. Die erhoffte Freude an der Beziehung mit dem Kind kann ausbleiben, weil alles anders ist als man es erwartete – weil das Baby schlecht schläft, viel schreit oder sich sogar nicht richtig füttern lassen mag und man darüber die positiven Seiten des Babys und des Elternseins aus dem Auge zu verlieren droht.

Mit diesem Buch möchte ich zur Vorbeugung und Reduzierung von Missverständnissen zwischen Eltern und Baby beitragen. Ich möchte dabei helfen, unsere persönlichen Erfahrungen mit den umfassenden wissenschaftlichen Erkenntnissen zu verbinden, was uns die Augen für den Weg zu einer befriedigenden Beziehung mit einem Baby öffnen kann. Ich möchte (werdenden) Eltern darin behilflich sein, während der gemeinsam verbrachten Zeit mit ihrem Kind von Anfang an viele genussvolle Augenblicke zu erfahren.

Der Inhalt dieses Buches besteht aus einer Zusammenfassung der zahlreichen Forschungsergebnisse, die in den letzten Jahrzehnten erarbeitet werden konnten. Diese entstammen im Prinzip vier Forschungsdisziplinen. Es sind dies

1. die *Säuglingsforschung*, ein noch recht junger Zweig der Entwicklungspsychologie: mit Hilfe von scharfsinnigen Experimentalanordnungen konnte sie zeigen, dass Säuglinge von Geburt an über Wahrnehmungsfähigkeiten in allen Sinneskanälen verfügen; damit wurde die Vorstellung vom „dummen ersten Vierteljahr" widerlegt;
2. die *Familienforschung*, die eine gegenseitige Beeinflussung der verschiedenen Beziehungen innerhalb einer Familie demonstriert: Eltern-Kind-Beziehungen sind nicht unabhängig von der Partnerschaftsbeziehung der Eltern, alle Bindungen in einer Familie beeinflussen sich gegenseitig;
3. die *Bindungsforschung*, die vor kurzer Zeit belegte, dass die Art und Weise der frühen Beziehungen zwischen Eltern und Kind sich auf spätere Beziehungen im Verlauf des Lebens eines Menschen auswirken können (Freundschafts- und Paarbeziehungen);
4. die *Hirnforschung* und *Neurobiologie*, die derzeit darum bemüht ist, die Einflüsse subtiler gegenseitiger Reaktionen zwischen Eltern und Säugling auf die weitere Gehirnentwicklung des Kindes zu enthüllen.

Über die theoretischen Ausführungen hinaus sind verschiedene Kapitel mit Bildmaterial angereichert, das Sie als Leser/-in dazu bewegen soll, sich die Wirklichkeit mit einem Baby vorzustellen. Signale und Verhaltensweisen von Säuglingen werden vorgestellt, und der/die Leser/-in wird dazu kleine Aufgabenstellungen vorfinden. Sie sind dazu gedacht, Ihr Einfühlungsvermögen und Ihr intuitives Gespür einem Baby gegenüber anzuregen.

Teil I des Buches enthält die Themen, die sich mit den ersten Entwicklungsschritten im Leben eines Menschen befassen, und

Teil II beschäftigt sich mit dem Zusammensein von Eltern und Kind (Eltern-Kind-Beziehungen).

Das Buch ist im Zusammenhang mit dem Elternkurs „Das Baby verstehen" entstanden. Der Kurs dient der Begleitung von Eltern und werdenden Eltern von der Schwangerschaft an über die erste Zeit mit ihrem Baby hinweg. Sein Schwerpunkt liegt auf dem Kennenlernen der kindlichen Signale. Der Kurs und das Buch ergänzen sich gegenseitig. Über den Elternkurs selbst erfahren Sie mehr auf den Internetseiten www.focus-familie.de, wo Sie sich auch nach Kursleitern/-innen in Ihrer Umgebung erkundigen können.

Ich hoffe, Eltern und ihren Begleitern und Helfern interessante, spannende Anregungen für die erste Zeit mit einem Baby zu geben, damit sie viele frohe Stunden mit ihm verbringen können.

Angelika Gregor

Bensheim im Juni 2007

Danksagung

Ich möchte mich bei Herrn Prof. Dr. Cierpka in Heidelberg dafür bedanken, dass er mich zum Schreiben dieses Buches anregte und seine Veröffentlichung förderte. Ihm und den Kollegen und Kolleginnen in Heidelberg danke ich für ihre Verbesserungsvorschläge und Unterstützung beim Verfassen der Texte.

Mein Dank gilt weiterhin Herrn Dr. Hartmann, Leiter der Mutter-Kind-Station am Zentrum für Soziale Psychiatrie (ZSP) Heppenheim, Frau Dipl.-Psych. Bayram, und allen Familien, die durch ihre Bereitschaft, sich zu Hause oder in der Klinik mit ihrem Baby filmen zu lassen, zur Möglichkeit beigetragen haben, die Texte mit ausreichend Bildmaterial anzureichern und somit Theorie und alltägliche Wirklichkeit miteinander zu verknüpfen.

Schließlich möchte ich allen Menschen danken, die mich während meiner Arbeit an dem Buch ermutigend, wohlwollend und hilfreich begleiteten: meinem Partner, meiner Familie, Freunden und Kollegen.

I Wie sich ein Kind bis zum Ende des ersten Lebensjahres entwickelt

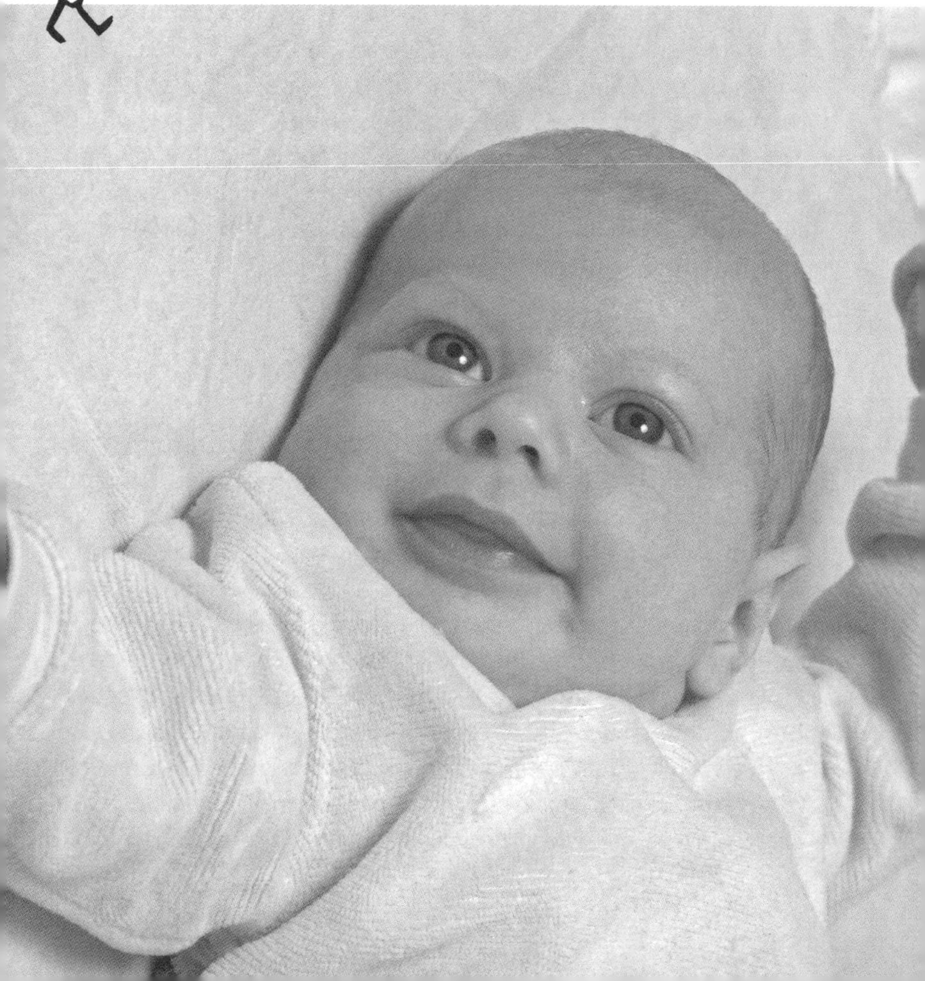

1   Das Leben vor dem Leben – Was geschieht während der Schwangerschaft?

Man könnte behaupten: „Das menschliche Leben beginnt mit der Verschmelzung von Samen und Eizelle." Sie wissen aber selbst, dass es hierüber zahlreiche ethische und medizinische Meinungsverschiedenheiten gibt ... Bis zum Zeitpunkt der Geburt wird jedoch aus einem Zellhaufen ein vielfältiges Wesen mit erstaunlichen Fähigkeiten.

Ein knapper Überblick über alles, was vor der Geburt eines Menschen stattfindet, wird nun gleich das große Thema „Entwicklung" einleiten. Dabei wird auf die seelische Entwicklung besonderer Wert gelegt. Während der Zeit der Schwangerschaft und des ersten Lebensjahres sind jedoch seelische Vorgänge mit körperlichen so eng verwoben, dass jede Trennung künstlich sein muss. Deshalb betrachten wir zunächst die körperlichen Entwicklungabläufe.

1.1   Die wichtigsten Etappen vor der Geburt

Durch Tierversuche, Ultraschallverfahren, Beobachtungen an lebenden menschlichen Föten und frühgeborenen Kindern wird das vorgeburtliche Leben erforscht. Eine Reihe von Erkenntnissen liegt heutzutage vor, die hier nur schlagzeilenartig vorgestellt werden können, um das rasante Entwicklungstempo während der Schwangerschaft zu demonstrieren. Die Literaturempfehlungen am Ende dieses Buches geben Ihnen jedoch Hinweise, wie Sie Ihr Wissen – insbesondere über die seelischen Entwicklungen des Ungeborenen – vertiefen können.

Bereits nach der ersten Schwangerschaftswoche beginnt sich das *Nervensystem* auszubilden. Seine wesentlichen Teile (Vorderhirn, Mittelhirn, Hinterhirn, Rückenmark) sind schon nach einem Monat voneinander unterscheidbar. Zum Zeitpunkt der Geburt beträgt das Fassungsvermögen des Gehirns dann etwa 23% seines späteren Rauminhaltes.

Die groben Formen der einzelnen *Organe*, ihre grundlegenden Funktionen und ihre Anordnung im Körper haben sich nach dem zweiten Schwangerschaftsmonat ausgebildet. Etwa mit zehn Wochen sind alle Organe, Gewebe sowie das Geschlecht des Kindes unterscheidbar. Nun ist ein menschliches Äußeres zu erkennen. Von jetzt an erfolgt lediglich noch Wachstum. Details bilden sich immer feiner aus. Eindrücke, die zuvor auf die Frucht einwirkten, können ihr Wachstum, ihre Formung und ihre Funktion beeinflussen. Wenn es in dieser ersten Zeit zu schwerwiegenden schädigenden Einwirkungen kommt (z. B. Strahlungen, Vergiftungen), besteht die Gefahr einer Missbildung oder sogar eines Abgangs der Frucht.

Die *Sinnesentwicklung* lässt folgenden Verlauf erkennen:

- Mit 28 Wochen funktionieren Riechen und Schmecken,
- ab dem fünften Schwangerschaftsmonat sind die Augen lichtempfindlich,
- ebenfalls ab dem fünften Monat kann man Hautempfindlichkeit feststellen,
- mit fünf Monaten ist das Ohr in all seinen Einzelheiten vollständig entwickelt und funktionsfähig, und der Fötus kann hören,
- im sechsten Monat kann der Fötus schon die Stimme seiner Mutter wiedererkennen,
- zur gleichen Zeit erkennt er Melodien wieder, die er zuvor gehört hat,
- und im siebten Monat öffnet er zum ersten Mal seine Augen.
- Die einzelnen Sinneskanäle arbeiten bereits sehr früh, wenn sie noch recht unreif sind. Eine Reizung der unreifen Sinne vermittelt dem Embryo/Fötus Empfindungen und regt die weitere Entwicklung und Feinausbildung seiner Sinnesorgane an.

Erste *Bewegungen der Gliedmaßen* eines ungeborenen Kindes sind bereits ab der achten bis zwölften Schwangerschaftswoche festzustellen: Der Embryo zeigt Zuckungen und bewegt sich im Fruchtwasser. Dadurch erfährt er, was seine zufälligen Bewegungen bewirken. Mit der Zeit versteht er sie allmählich zu kontrollieren und zu steuern. Im gleichen Zeitraum macht er die ersten *Atembewegungen.*

Nach dem dritten Schwangerschaftsmonat kann es mehr oder weniger häufig vorkommen, dass der Fötus *saugt, schluckt, gähnt* oder seine Gliedmaßen streckt.

Die unregelmäßigen Bewegungen werden allmählich regelmäßig, das heißt, sie erfolgen zunehmend im rhythmischen *Wechsel von Aktion und Ruhepause.*

Die *Gesamtaktivität* des ungeborenen Kindes nimmt bis kurz vor seiner Geburt beständig zu. Der letzte Monat verläuft mit herabgesetzter Aktivität, da ihm aufgrund seiner Größe nun nicht mehr ausreichend Raum zur Verfügung steht.

Der Reifegrad des Gehirns spielt im vorgeburtlichen Leben (und im ersten Lebensjahr) eine herausragende Rolle. Daher wurde ein eigenes Kapitel dafür vorgesehen (Kap. 2). Diese Vorherrschaft wurde humorvoll in dem Satz „So klug sind wir nie wieder" umschrieben. Wie hat man sich jedoch die Intelligenz eines ungeborenen Kindes vorzustellen? Was können wir uns unter einem vorgeburtlichen seelischen Leben nach dem derzeitigen Wissensstand vorstellen?

1.2 Die Vorläufer der seelischen Entwicklungen beim ungeborenen Kind

Es gibt eine recht große Bandbreite verschiedener Ansichten von Forschern darüber, wie stark ein Reiz sein muss, um beim ungeborenen Kind eine Reaktion auszulösen. Einige sind der Ansicht, dass jeder Gedanke der Mutter eine Reaktion in ihrem Körper auslöse, die sich dann dem ungeborenen Kind mitteile. Es gibt aber auch Wissenschaftler, die jeglichen Einfluss seelischer Regungen der Mutter auf das Ungeborene ausschließen. Einen einheitlichen Standpunkt gibt es nach bisherigen Forschungsergebnissen nicht. Wenn man die Literatur kritisch durchgesehen hat, kommt man jedoch zu dem Ergebnis, dass es gewisse Risiken gibt. Dies sind neben chemischen, physikalischen, körperlichen und Einflüssen durch Erkrankungen der Mutter auch

- Angst, Stress, Belastungen sowie
- eine ablehnende Haltung der werdenden Mutter ihrem Kind gegenüber (z. B. bei einer unerwünschten Schwangerschaft).

Sie können die Entwicklung eines Menschen vor der Geburt beeinflussen. Gifte wie Nikotin und Alkohol, die hier nicht näher ausgeführt werden sollen, stehen mit diesen beiden Gesichtspunkten häufig in Verbindung. Denn sie werden in schwierigen Situationen oft dazu eingesetzt, unangenehme Gefühle zu unterdrücken. Doch man würde nicht sagen: Diese Einflüsse führen auf jeden Fall zu einer ungünstigen Entwicklung des Kindes, die so oder so aussehen wird. Wir können lediglich davon ausgehen, dass sie als Risiken wirken, die die Entwicklung eines Ungeborenen möglicherweise beeinträchtigen, falls sie nicht durch andere Umstände ausgeglichen werden können (positive und begrüßenswerte Lebensbereiche, z. B. eine stabile und unterstützende Partnerschaft, finanzielle Sicherheit, Unterstützung durch einen Kreis wohlwollender Menschen in der Verwandtschaft und Bekanntschaft usw.). Es ist von Vorteil, wenn man für ein Gegengewicht sorgt: Ungünstige Bedingungen können durch andere, gute Voraussetzungen abgemildert werden.

Aber wie kommen Zusammenhänge zwischen den Gemütslagen der Mutter und Entwicklungen des Kindes während der Schwangerschaft zustande? Auf welche Weise können sich die Erfahrungen der Mutter dem Ungeborenen mitteilen?

Das „Gespräch" mit dem Ungeborenen

Forscher, die sich mit den vorgeburtlichen Entwicklungen befassen, weisen auf das „Gespräch" mit dem Ungeborenen hin, das zukünftige Mütter während ihrer Schwangerschaft führen.

In den unterschiedlichen Abschnitten einer Schwangerschaft sieht dieser Austausch je nach Reifegrad des Kindes unterschiedlich aus.

Das ungeborene Kind lebt in einer körperlichen Einheit mit der Mutter. Es wird durch ihr Blut versorgt. Über den gemeinsamen Blutkreislauf und über die Außenreize, die durch die Bauchdecke dringen, erhält es lebenswichtige Nährstoffe für sein Wachstum und seine Reifung. Die körperlichen Abläufe, der Anteil an Sauerstoff, Nährstoffen, Stoffwechselprodukten, Hormonen und anderen Bestandteilen des Blutes dienen als Informationsträger. Diese informieren das Ungeborene über den jeweiligen Zustand seiner Umwelt, nämlich der Mutter. Die körperlichen Vorgänge hängen ja vom gesundheitlichen, gefühlsmäßigen und vom Bewusstseinszustand der Mutter ab (z. B. Hunger, Angst, Freude etc.). Mit ihrer Befindlichkeit, Stimmung, Tätigkeit, mit ihrem Rhythmus und dessen Veränderungen finden jeweils Änderungen in ihrem Stoffwechsel statt, die auch die Körperabläufe des Kindes mehr oder weniger beeinflussen. Werdende Mütter sollten daher versuchen, extreme Zustände oder Veränderungen zu vermeiden oder auszugleichen, z. B. durch Konzentration auf den eigenen Körper und auf das Kind im Bauch, durch Bewegung in der Natur, Körperwahrnehmungsübungen und Entspannung. Aber auch Unterstützung durch Freunde und alles was gut tut, ist hilfreich, um das Kind in unvermeidlichen schwierigen Situationen zu schonen.

Wie wirkt sich Stress auf das Kind in der Schwangerschaft aus?

Was sich dem Kind auf diese Art und Weise mitteilt, ist als Ergebnis der eigenen Auseinandersetzungen der Mutter mit ihrer Umwelt zu verstehen. Wenn sie aufgrund von starken seelischen Belastungen unter Stress gerät, werden bestimmte Hormone in die Blutbahn ausgeschüttet. Verengen sich dann die Blutgefäße, kann dies zur Minderdurchblutung von Gebärmutter und Placenta führen und so beim Kind zu einem gewissen Sauerstoffmangel beitragen. Da Stresshormone in die Placenta eindringen können, kommt es bei längerer Einwirkung zu einer erhöhten Aktivität des Fötus.

Dauerstress und große Angst während der Schwangerschaft bergen ein größeres Risiko für eine erschwerte oder problematische Entbindung (z. B. verstärktes Schmerzerleben), auch für eine Früh- und Mangelgeburt. Daher ist es vorteilhaft, während der Schwangerschaft für möglichst gute, gesunde Lebensbedingungen zu sorgen, in denen man sich geschützt und aufgefangen fühlen kann. Dies ist natürlich nicht immer einfach und stellt sich auch oft nicht ohne Mühe ein. Kontakt zu anderen Schwangeren und werdenden Familien, vielleicht in ähnlicher Situation, kann dabei sehr hilfreich sein. Werdende Mütter können dadurch erleben, dass auch bei anderen nicht alles perfekt verläuft und Schwierigkeiten mehr oder weniger gut bewältigt werden können. Sich mit einem verständnisvollen Gesprächspartner auszutauschen, entlastet und vermittelt ein Gefühl von Halt und Geborgenheit.

Im Zusammenhang mit mütterlichem Schwangerschaftsstress sind Probleme der Selbstregulation des Kindes nachgewiesen worden. Damit sind Empfindlichkeit oder Reizbarkeit, übermäßiges Schreien, unruhiges Temperament, körperliche Unruhe und Anpassungsschwierigkeiten sowie Entwicklungsverzögerungen gemeint. Darüber – und wie man diesen Problemen begegnet – können Sie noch mehr in den Kapiteln 3, 4 und 5 lesen.

Das ungeborene Kind reagiert auf die Stress-Informationen bei fortgeschrittener Reifung mit Reflexen und starken Bewegungen; es schluckt Fruchtwasser, hat häufig Schluckauf oder lutscht Daumen. Dies sind „Antworten" des Kindes. Viele Mütter verstehen jedoch, weshalb ihr Kind mit Belastungszeichen reagiert. Die meisten haben von vornherein ein gutes Gespür dafür und vermögen sich und ihr Kind dadurch vor ungünstigen Einflüssen abzuschirmen. Selbstverständlich ist das nicht immer möglich und auch nicht zwingend erforderlich, denn das Leben ist ohne Belastungen nicht denkbar. Belastungen sind oft nicht vermeidbar. Es geht häufig nur darum, sie in

Grenzen zu halten und ihre Erträglichkeit zu fördern, indem man Ausgleich dafür schafft.

Ist eine Schwangerschaft unerwünscht, so erleben die Eltern in der ersten Zeit, nachdem die Schwangerschaft festgestellt worden ist, Stress – in geringerer Ausprägung auch wenn die Schwangerschaft ungeplant ist. Die Frage einer Abtreibung kann dann im Raum stehen und verschlingt Kräfte. Wenn eine Schwangerschaft nicht geplant bzw. erwünscht ist, benötigen die Eltern die Zeit nach ihrer Feststellung dazu, um sich mit den neuen Gegebenheiten zunächst einmal vertraut zu machen und sich auf die neue Situation einzustellen. Eltern erwünschter Kinder konnten sich dagegen schon vor dem Eintritt der Schwangerschaft auf die körperlichen, seelischen und sozialen sowie wirtschaftlichen Veränderungen vorbereiten. Das bedeutet, dass die seelische Umstellung von Eltern bei unerwünschter Schwangerschaft verzögert stattfindet und mit größerer Belastung verbunden ist. Diese Situation ist häufig mit Risiken für die kindliche Entwicklung verknüpft. Bei unerwünschten Kindern wurden vermehrt körperliche, seelische und Verhaltensprobleme festgestellt, wenn die Eltern nicht ausreichend Unterstützung erfahren hatten.

Heutzutage gibt es jedoch zahlreiche Möglichkeiten, sich fachlich beraten zu lassen und Unterstützung in Anspruch zu nehmen – meist bei Beratungsstellen (Ehe-, Familien- und Lebensberatung, Schwangerschaftsberatung, Familienbildungsstätten, psychotherapeutische Unterstützung, Selbsthilfegruppen, sowie ärztliche Fürsorge) –, um einen noch unbekannten Weg durch die Problemsituation zu finden.

Auch wenn natürlich viele Ursachen zu bedenken sind, kann zusammenfassend angenommen werden, dass Ängste und Stress einer Schwangeren die Reifungsabläufe des Fötus behindern. Das bedeutet aber nicht unbedingt, dass das Kind bei seiner Geburt dann tatsächlich beeinträchtigt sein wird. Ein Risiko dafür ist jedoch vorhanden. Wenn die Situation nicht zu ändern ist, lässt sich diesem Risiko aber mit zahlreichen Möglichkeiten begegnen.

Spielen Partnerschaftsprobleme eine Rolle?

Auffälligkeiten des Säuglings, wie sie unter dem letzten Abschnitt beschrieben wurden, finden sich auch, wenn Mütter während der Schwangerschaft großen, länger andauernden gefühlsmäßigen Belastungen ausgesetzt sind. Dies ist bei Beziehungskrisen in der Partnerschaft meist der Fall, aber auch, wenn ein naher Angehöriger verstirbt oder eben im Falle einer unerwünschten Schwangerschaft. Es kommt zu tief greifenden Ängsten und Stress, die sich vermutlich über die oben dargestellten körperlichen Stressreaktionen auf das ungeborene Kind auswirken können. Die kindlichen Symptome, die in Forschungsarbeiten zu diesem Thema beschrieben werden, zeichnen wiederum das Bild eines für Eltern schwierigen Temperaments (Kap. 5). Auch übermäßiges Schreien (Kap. 4) kann eine Folge sein.

Zu Problemen der Paarbeziehung – und wie sie zu lösen sind – können Sie mehr im 9. Kapitel erfahren.

Auch an dieser Stelle muss wieder auf die enorme Bedeutung der Fähigkeiten zur Stressbewältigung und von ausgleichenden, auf die Selbstheilungskräfte unterstützend wirkenden „Inseln" im Alltag der Eltern hingewiesen werden. So lassen sich die Auswirkungen unvermeidlicher Strapazen während der Schwangerschaft lindern oder gar verhindern. Risiken müssen sich dann nicht in Entwicklungsauffälligkeiten niederschlagen.

1.3 Zusammenfassung

Die Erforschung der Zusammenhänge zwischen den vorgeburtlichen Bedingungen und dem späteren Verhalten eines Kindes sowie seiner weiteren Entwicklung befindet sich derzeit noch in den Anfängen. Aus heutiger Sicht ist jedoch davon auszugehen, dass Entwicklungsverlauf und Verhalten eines Kindes durch die gegenseitige Beeinflussung von Erbgut und Umwelt bestimmt werden. Erbanlagen und die Aktivität des Nervensystems, Umwelt und Verhalten des beginnenden Lebens stehen dabei in engen Wechselbeziehungen. Die Wirkung der Gene ist nicht – wie lange angenommen wurde – von vornherein festgelegt und unveränderbar. Sie hängt weitgehend von der jeweiligen Umwelt ab. Ein Gen wird nicht aus sich selbst heraus aktiv, sondern nur indem eine bestimmte Umgebung auf es einwirkt.

Der Fötus entwickelt sich rasant. Schon nach zwei Schwangerschaftsmonaten etwa ist der Organismus in seinen groben Grundformen und mit seinen grundsätzlichen Funktionen ausgebildet. Die Sinne nehmen ihre Funktion schon in der Mitte der Schwangerschaft auf. Von da an hat der Fötus Wahrnehmungen. Die Bewegungsfähigkeit des Fötus entwickelt sich von groben Reflexbewegungen hin zu regelmäßiger, ausgeglichener Aktivität. Das Gehirn spielt in der Entwicklung eine herausragende Rolle.

Für ein ungeborenes Kind stellt die Mutter seine Umwelt dar, die den Verlauf seiner Entwicklungen beeinflusst. Seelische Eindrücke, die sich ungünstig auswirken, sind allgemein unter dem Begriff „Stress" zusammenzufassen. Dazu gehören alle Belastungen, die für längere Zeit andauern, beispielsweise eine unerwünschte Schwangerschaft, Partnerschaftsprobleme, Schwierigkeiten mit der Herkunftsfamilie, mit dem sozialen Umfeld oder auch im Beruf. Der Stress vermittelt sich dem Fötus auf dem Weg des Blutes, das die Placenta durchströmt. Bestimmte Hormone, die in den für Mutter und Kind gemeinsamen Blutkreislauf ausgeschüttet werden, beeinflussen die weitere detaillierte Entwicklung bestimmter Hirnabschnitte beim Kind. Diese übernehmen später Gedächtnisfunktionen und sind mit daran beteiligt, das spätere Verhalten des Kindes zu formen. Dieses wiederum trägt unter anderem zu der Art und Weise bei, wie sich zwischen dem Kind und seinen Eltern eine Bindung gestaltet, denn es hat eine bestimmte Wirkung auf die Eltern und veranlasst sie zu bestimmten Reaktionen. Bereits während der Schwangerschaft beginnt sich jedoch eine Bindung zwischen Eltern und Kind zu entwickeln. Ich komme darauf am Beginn des II. Teiles zurück (Kap. 6).

Um unvermeidliche ungünstige Einflüsse auf das Ungebo-

rene zu reduzieren oder gar zu verhindern, sollten Eltern früh-
zeitig auf die entsprechenden Belastungen und Stresssymptome
bei sich selbst achten und sich aktiv um Bewältigungsmöglichkeiten bemühen, die auf die eigene Situation und zu den eigenen
Vorlieben passen. Zahlreiche Beratungsstellen stehen nicht nur
erst in Krisensituationen, sondern auch für eine individuelle
präventive Unterstützung zur Verfügung.

Im weiteren Textverlauf soll es zunächst um die herausragende Rolle des Gehirns gehen, das im ersten Lebensjahr und
auch danach noch wichtige Reifungsvorgänge durchläuft. Seine
ausgeprägte Formbarkeit in der ersten Zeit geht Hand in Hand
mit den ersten Erfahrungen im Leben.

2   Wie entwickelt sich das Gehirn im ersten Lebensjahr?

In diesem Kapitel sollen Sie mit Hilfe von aufregenden aktuellen Befunden der Neurowissenschaften und der Hirnforschung etwas über die herausragende Bedeutung der frühen Zwiegespräche zwischen Eltern und Kind und der Eltern-Kind–Beziehungen erfahren. Sie erhalten jetzt gewissermaßen eine Einführung in das Grundlagenwissen zum Thema „Frühe Eltern-Kind-Interaktion". Dieses Kapitel soll Ihnen aufzeigen, wie eng die allerfrühesten zwischenmenschlichen Erfahrungen im Leben eines Menschen mit der körperlichen Entwicklung einhergehen. Es soll den Wert einer frühest möglichen Vorbeugung unterstreichen.

2.1   Einführung

Lange Zeit nahm man an, dass die Gehirnentwicklung durch Erbanlagen festgelegt sei. Verhaltensbeobachtungen führten jedoch bereits vor einigen Jahrzehnten zur Vermutung, dass die geistige und seelische Entwicklung stark durch Lernvorgänge beeinflusst wird, die von Gefühlen begleitet sind. Insbesondere die Forschungen von René Spitz an Kindern in Waisenheimen in den vierziger Jahren des letzten Jahrhunderts erregten das Aufsehen der Fachleute. Spitz hatte festgestellt, dass das Fehlen von gefühlsmäßigen Erfahrungen und von geistiger Förderung zu einer verzögerten Bewegungsentwicklung und einer verlangsamten seelischen Entwicklung beim Baby führt. Mehr als die notwendigsten Pflegemaßnahmen wurde in den damaligen Säuglingsheimen nicht gewährleistet. Die Säuglinge waren sich selbst überlassen gewesen, nahezu ohne Erfahrungen von liebevoller Fürsorge und ohne interessante Anreize durch ihre Umwelt. Teilweise starben sie sogar in den Waisenhäusern. Die Untersuchung von Spitz zeigt die Auswirkungen von Extrembedingungen.

Das amerikanische Psychologen-Ehepaar Harlow untersuchte in den fünfziger und sechziger Jahren die Folgen eines frühen Verlustes der Eltern bei Affen: Affenjunge, die ohne Mutter aufgewachsen waren, verhielten sich in späteren Lebensabschnitten dauerhaft anders als ihre Artgenossen. Sie spielten kaum noch, waren weitaus ängstlicher und brachten weniger Nachwuchs zur Welt als andere Affen. Zudem konnten sie, wenn sie Nachwuchs hatten, oft nichts mit ihm anfangen.

Wie konnte es zu so durchgreifenden Auswirkungen der Elternlosigkeit kommen? In welcher Weise reagierte der Organismus auf solche Erfahrungen?

Die Suche nach Antworten auf derartige Fragen bewog vor wenigen Jahren einige Neurobiologen, an Tieren zu untersuchen, wie die frühen Erfahrungen und das Lernen unser Gehirn beeinflussen. Durch den raschen technischen Fortschritt der letzten Jahre kann man heutzutage sehr hoch entwickelte, empfindliche Instrumente einsetzen, die uns die Vorgänge im Gehirn von Lebewesen sichtbar machen. So ist es seit geraumer Zeit möglich, das menschliche Gehirn in verschiedenen Zuständen (Wachzustand, Schlaf, Hunger, Erregung, Meditation etc.) zu beobachten und die einzelnen Abläufe genauestens und in den kleinsten Zeiteinheiten (Millisekunden) sichtbar zu machen.

2.2 Was wir heute über die Entwicklung im ersten Lebensjahr wissen

Wie können gefühlsmäßige Erfahrungen des ersten Lebensjahres die Verhaltensentwicklung beeinflussen? Welchen Einfluss hat die Umwelt auf unsere seelische Entwicklung? Wie wirken sich die verschiedenen Bedingungen in der frühen Kindheit (damit ist der Zeitraum des ersten Lebensjahres gemeint) auf die Entwicklung des Erlebens und Verhaltens, auf den späteren Charakter eines Menschen aus?

Die theoretischen Erläuterungen, die nun folgen, sollen einen zusammenfassenden Eindruck davon vermitteln, wie man heute solche Fragen beantworten würde. Antworten auf solche und ähnliche Fragen erscheinen derzeit nicht mehr allzu weit entfernt. Eine gewisse Einschränkung muss jedoch gleich zu Beginn gemacht werden: Die meisten Forschungen wurden bisher bei Tieren durchgeführt. Der größte Teil der nachfolgenden Ausführungen bezieht sich darauf. Man kann nicht automatisch folgern, dass die Gehirne von Menschen genauso funktionieren. Allerdings boomt die Erforschung der menschlichen Gehirnentwicklung momentan sehr. Auf endgültige Ergebnisse müssen wir jedoch noch warten, da Langzeitstudien, die Aussagen über langfristige Auswirkungen der frühen Erfahrungen erlauben, sich über viele Jahre hin erstrecken.

> Heute zweifeln Wissenschaftler kaum daran, dass der Einfluss der Umwelt größer ist, als man je geglaubt hatte. Die Funktion und Entwicklung des Gehirns ist nicht von Anfang an festgelegt.

Zu Beginn des Lebens existieren im menschlichen Gehirn etwa 100 Milliarden Zellen. Sie sind zu diesem Zeitpunkt größtenteils noch unverbunden. Nie wieder zu irgendeinem anderen Zeitpunkt wird der Mensch über so viele Möglichkeiten verfügen wie in dieser Zeit. Jetzt beginnen sich die einzelnen Zellen aufgrund von Erfahrungen, die von außen einwirken, miteinander zu verknüpfen. Dauerhaft überleben lediglich diejenigen Zellen, die sich untereinander verbinden und ein Netz bilden und deren Verbindung wiederholt genutzt wird.

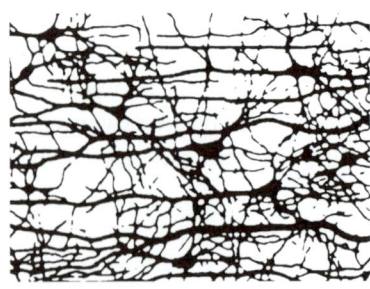

▲ Abb. 2.1: Netzwerk von Nervenzellen (Families and Work Institute 1998)

Ein kleiner Teil der Verschaltungen von Nervenzellen ist bei der Geburt schon vorhanden, ein anderer Teil wird erst durch Lernerfahrungen neu geschaffen. Sinnesreize und Erregung im Nervensystem, die durch sie verursacht wird, erschaffen die Architektur des Gehirns. Erregungsmuster in bestimmten Netzen von Nervenzellen werden durch ihre Begleitung von äußeren Ereignissen mit Bedeutung versehen. Allmählich werden sie als Gefühle wahrgenommen. Diese spielen bei der Anordnung der Erfahrungen eine Rolle, wenn sie im Gedächtnis abgespeichert werden. Wenn eine Zell-Verbindung nicht ausreichend häufig angeregt wird, verkümmert sie zugunsten anderer, die stattdessen genutzt werden.

Nach der Geburt werden also Verknüpfungen in verschiedenen Gehirnbereichen auf- und abgebaut. Mit anderen Worten: Wiederholte Erfahrungen, die immer wieder den gleichen „Schalt-Kreislauf" anregen, führen zu einem so genannten Lerneffekt. Dieser prägt sich ein und bestimmt die Entwicklung bedeutend mit.

Wenn seine Entstehung darüber hinaus in eine Phase fällt, die für die Entwicklung bestimmter Fähigkeiten bedeutsam ist – ein Beispiel ist die Entwicklung von Bindungsfähigkeit im ersten Lebensjahr –, kann dieser Lerneffekt zur Ausbildung individuell typischer Merkmale beitragen. Der entsprechende Erregungskreis mit den dazugehörigen Zellen, Verknüpfungen und chemischen Abläufen ist nach einer Reihe von Wiederholungen zunehmend leichter und durch immer schwächer werdende Reize aktivierbar.

Die Auf- und Abbauprozesse der Verschaltungen dauern etwa über die ersten zehn Lebensjahre an. Ihr Sinn ist eine Anpassung an die neue Umgebung. Nach den ersten Jahren verringert sich jedoch die Geschwindigkeit einer solchen Formung des Gehirns bereits. Denn das Wichtigste für das Überleben ist schon geschehen. Die beschriebenen Netzwerke dienen nun dazu, die gesamten Sinneswahrnehmungen aufzunehmen und zu prüfen, ihnen Bedeutung beizumessen und sie im Gedächtnis abzuspeichern.

> Unsere Verhaltensweisen und Antworten auf unsere tägliche Umwelt richten sich nach den momentan wahrgenommenen Umwelteindrücken. Diese erhalten ihre Bedeutung durch die vorher angelegten Netzwerke des Nervensystems – entsprechend den Erfahrungen.

Ein faszinierendes Geschehen! Es hat jedoch auch eine gewisse Schattenseite: Der Mensch passt sich genauso gut an ungünstige Umweltbedingungen an, beispielsweise an mangelnde gefühlsmäßige Zuwendung. Bestimmte Reize, z. B. die Nähe zu einem anderen Menschen, erhalten auf diese Weise ihre typisch negative Bedeutung, die nun wiederum bei der Verhaltenssteuerung eine Rolle spielt. Die Faktenlage gibt Ihnen als Eltern jedoch auch viel Raum, um die Entwicklung Ihres Kindes positiv zu beeinflussen. Darauf wird in den nächsten Kapiteln besonders eingegangen.

2.3 Das limbische System und die ersten gefühlsmäßigen Erfahrungen

Für das Gefühlsleben sind insbesondere die limbischen Hirnareale bedeutsam, die manchmal auch als Lust-Unlust-Zentrum bezeichnet werden. Es sind entwicklungsgeschichtlich alte Anteile unseres Gehirns, die im Laufe der Evolution erhalten blieben. Sie werden zwar zunehmend durch die Großhirnrinde überbaut, die das bewusste Denken steuert und die erst später in der Entwicklungsgeschichte des Menschen entstanden ist. Sie sind jedoch weiterhin grundlegend für die gefühlsbetonte Steuerung des Verhaltens sowie für Lernen und Gedächtnisbildung verantwortlich.

Bei der Geburt besteht im limbischen System ein Überschuss an Nervenzellen und Verbindungen. Durch die ersten Erfahrungen und Lernprozesse wird dieser Abschnitt nun geformt: Überflüssige Verbindungen werden abgebaut, da sie nur schwach oder überhaupt nicht benutzt werden. Andere dagegen werden durch ihre häufige Benutzung verstärkt und bleiben bestehen. Das bedeutet:

> Sich wiederholende Eindrücke in der ersten Zeit hinterlassen tiefere Spuren. Es wird vermutet, dass das, was in der gemeinsam erlebten Zeit zwischen Eltern und Kind geschieht, sich auf die Reifung der limbischen Gehirnregion auswirkt.

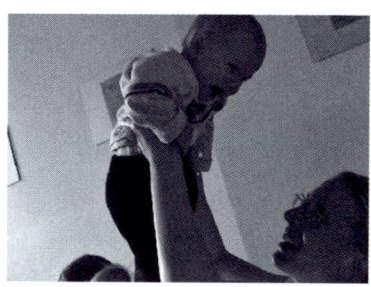

▲ Abb. 2.2: Das „Flieger-Spiel" ist mit vier Monaten sehr aufregend und sorgt für eine spannende, vergnügte gemeinsame Zeit.

Die ersten gefühlsmäßigen Erfahrungen macht das Neugeborene in der Regel mit seinen Bezugspersonen. Die gemeinsam verbrachte Zeit zwischen Eltern und Kind hat eine regulierende und stabilisierende Funktion, die sich auf die Reifung des kindlichen Gehirns auswirkt. Man könnte von einem „Abdruck" (Braun 2001, 197) in dem noch formbaren Gehirn sprechen, der durch diese Erfahrungen hinterlassen wird. Wenn Eltern den individuellen Voraussetzungen ihres Kindes entgegenkommen und sich zunächst weitgehend diesen Bedingungen anpassen, kann eine normale Gefühls- und geistige Reifung beim Kind stattfinden. Wird der Kontakt zu einem Elternteil für längere Zeit oder auf Dauer unterbrochen (z. B. durch den Tod der Mutter), so hat dies womöglich eine unvollständige Reifung oder gar abweichende Verschaltungsmuster im limbischen System zur Folge.

Tierversuche belegen solche Vermutungen eindrucksvoll. Im Experiment beobachtete Tiere (wie z. B. die Strauchratte oder das Haushuhnküken) sind dem neugeborenen Menschen in Bezug auf ihr Sozialverhalten sehr ähnlich. Sie reagieren auf die

Trennung von Eltern und Geschwistern mit Stress- und Angstsignalen, was für ein sehr negatives Gefühlserleben spricht. Die Hirnuntersuchungen dieser Tiere zeigen anschließend insbesondere im limbischen System eine herabgesetzte Erregung. Es gibt Hinweise dafür, dass auch Menschen in solchen Stresssituationen eine ähnliche Passivität in entsprechenden Gehirnabschnitten aufweisen.

Dies ist lediglich ein Beispiel aus der Vielfalt der Entstehungsmöglichkeiten krankhafter Verknüpfungen im Gehirn. Je nach Hirnregion können Veränderungen der Verschaltungen recht unterschiedlich ausfallen. Es kann auch zu einem Überschuss an Verknüpfungen kommen. Von Bedeutung für die Folgen auf das Verhalten ist außerdem, ob es sich um Verschaltungen handelt, die eher erregend oder eher hemmend wirken.

In Abhängigkeit von der individuellen Gefühlserfahrung sind unterschiedliche Gehirnabschnitte betroffen. Sie stehen bei den genannten Tieren mit Suchtentwicklung, Angst- und Aggressionsentwicklung und mit der Unfähigkeit, sich gegenüber Umweltreizen abzuschirmen, in Verbindung. Außerdem finden sich in den tierexperimentellen Studien Störungen bei der Ausschüttung von so genannten Neurotransmittern. Das sind Botenstoffe, die der Informationsübermittlung zwischen zwei Zellen an deren Verknüpfung dienen. In erster Linie sind hiervon diejenigen Botenstoffe betroffen, die bei der Verarbeitung der Gefühle im Gehirn beteiligt sind und sich auch bei vielen seelischen Erkrankungen (z. B. Depression, Angsterkrankungen) im Ungleichgewicht befinden. Bereits drei Tage nach wenigen kurzen Trennungen der jungen Strauchratte von der Mutter nehmen die Empfängerzellen dieser Botenstoffe in bestimmten Teilen des limbischen Systems zu. Dass dies das spätere Sozial- und Lernverhalten stark beeinflusst, zeigen Versuche, in denen die Tiere auf eine fremde Umgebung mit übermäßiger körperlicher Aktivität reagieren und viel weniger auf Lockrufe der Mutter eingehen, wenn man sie mit anderen Tieren vergleicht.

Ein „falsch verknüpftes" Netzwerk im Nervensystem könnte somit zu Verhaltensauffälligkeiten, Lernschwierigkeiten bis hin zu seelischen Erkrankungen führen.

2.4 Die Entwicklung des menschlichen Gehirns im Verlauf des Lebens

Die computertomographischen Aufnahmen des menschlichen Gehirns in Abbildung 2.3 sollen an dieser Stelle veranschaulichen, was bisher gesagt wurde. Sie zeigen das Gehirn zu verschiedenen Alterszeitpunkten. Die Aufnahmen demonstrieren, dass sich bereits im Laufe des ersten Lebensjahres mit rascher Geschwindigkeit wesentliche, überdauernde Formen des Gehirns ausbilden. Das Gehirn eines einjährigen Kindes gleicht bereits sehr stark dem eines Erwachsenen. Die Entwicklungen nach dem ersten Lebensjahr bestehen in feineren Detailausformungen; die Veränderungsmöglichkeiten nehmen damit bereits allmählich ab. Dies spricht für die große Bedeutung der Umwelt-Einflüsse innerhalb der ersten Zeit des Lebens, womit in erster Linie der elterliche Umgang mit dem Säugling gemeint ist. Es sieht so aus, als würden in der ersten Zeit für die darauf folgenden Lebensabschnitte „Weichen gestellt".

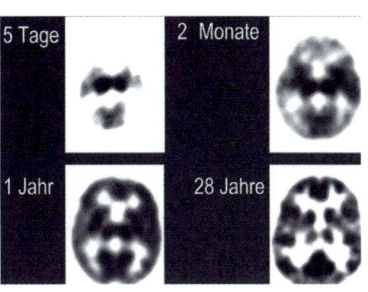

▲ Abb. 2.3: Computertomografische Aufnahmen des Gehirns (Chugani 1997): Bereits im Laufe des ersten Lebensjahres bilden sich mit rascher Geschwindigkeit wesentliche, überdauernde Formen des Gehirns aus.

Im besten Fall bedeutet dies, dass der Mensch in der Lage sein wird, aus seinen Erfahrungen im Allgemeinen positive Erwartungen auszubilden. Sie beeinflussen dann sein seelisches und soziales Leben verstärkt im förderlichen Sinne. Im ungünstigen Fall, wenn die Eltern nicht hinreichend dazu in der Lage sind, ihrem Baby angenehme Gefühlserfahrungen zu vermitteln, wird es eher negative Erwartungen entwickeln. Als Folge davon wird es auf bestimmte Reize hin unangenehme Gefühlsreaktionen erleben.

Bitte bedenken Sie aber, dass dies nicht bedeutet, dass es nach dem ersten Lebensjahr keine wesentlichen Veränderungen mehr geben kann! Durch die lebenslänglich bestehende Anpassungsbereitschaft des menschlichen Gehirns, wenn auch mit zunehmendem Alter abgeschwächt, ist die Möglichkeit einer „Reparatur von ungünstigen Schaltkreisen" auch später noch gegeben.

Wie wirken sich die frühen Erfahrungen langfristig auf die Gesundheit aus?

Nicht allein seelische Auswirkungen von ganz frühen Einflüssen sind denkbar. Wissenschaftliche Langzeitstudien der letzten zwanzig Jahre zeigen, dass Belastungen während der Kindheit, wie ich sie aufgezählt habe, auch ein erhöhtes Risiko für die weitere Entwicklung der körperlichen Gesundheit bedeuten. Das Risiko, aufgrund von seelischen Ursachen körperlich zu erkranken, ist umso höher (fünf- bis zwanzigfach erhöht), je mehr Belastungen vorhanden sind. Wenn der Aufbau einer sicheren Bindung, beispielsweise durch den Verlust oder die (zeitweise) Abwesenheit der Mutter in den ersten Lebensjahren, nur eingeschränkt möglich war, kann sich auf organischer Ebene eine Störung der Stressverarbeitung entwickeln. Diese wird dann unter Umständen von den entsprechenden Personen ein Leben lang als Schwäche erlebt. Der Stoffwechsel von Stresshormonen kann durch ein stark belastendes Ereignis und seine Folgen dauerhaft beeinträchtigt werden. Betroffene Personen sind später weniger gut in der Lage, mit Stress und Belastung umzugehen. Dadurch fühlen sie sich häufig dazu veranlasst, „Risiko-Verhaltensweisen" an den Tag zu legen – Rauchen, Trinken, Essen, häufiger Wechsel von Sexualpartnern usw. Auch leiden sie vermehrt unter Depressionen. Ihr mangelhaftes Gesundheitsverhalten erhöht die Gefahr, körperlich zu erkranken.

Eine andere Gruppe neigt hingegen zu aggressivem bis zu kriminellem Verhalten beim Versuch der Stressbewältigung.

Bei Alleinerziehenden (meist Mütter) kommen oft mehrere Belastungsbedingungen zusammen, z. B. niedriger sozialer und wirtschaftlicher Status, geringes Einkommen, weniger qualifiziertes Bildungsniveau sowie seelische Belastungen. Für das Kind bedeutet das ein erhöhtes Risiko. Zum Problem des „Vatermangels" kommen für das Kind die Belastungen der Mutter noch hinzu. So kann es in der Beziehung zwischen dem allein erziehenden Elternteil und dem Kind zu Schwierigkeiten kommen, die andauern.

Wenn von „Risikofaktoren" gesprochen wird, sollte man die „Schutzfaktoren" nicht außer Acht lassen: diejenigen Bedingungen nämlich, die helfen, schädliche Einflüsse zu bewältigen. In der Kindheit sind dies an erster Stelle dauerhafte positive Beziehungen zu mindestens einer wesentlichen Bezugsperson, meistens den Eltern. Eine sichere Bindung kann die Wirkung eines Puffers haben und die Kräfte des Stressverarbeitungssystems unterstützen. Darüber hinaus gibt es viele Kinder, die sich unerklärlich positiv entwickeln, deren negative und als beeinträchtigend angenommene Startbedingungen also keine dauerhaften Auffälligkeiten oder Erkrankungen nach sich ziehen. Für sie trifft offenbar alles, was wir zu wissen glauben, nicht zu. Sie zeigen uns, dass der Forschungsstand noch ausgesprochen unvollständig ist und mit äußerster Vorsicht aufgenommen werden sollte.

2.5 Zusammenfassung

Da das Gehirn zu Beginn des Lebens stark formbar ist, tragen Erfahrungen mit der Umwelt (in erster Linie mit den Eltern), entscheidend zu seiner weiteren Ausformung bei. In einem fortwährenden Ablauf des Verknüpfungsauf- und -abbaus kommt es zu einer individuellen Prägung und Reifung der angeborenen Entwicklungsmöglichkeiten. Für die gefühlsmäßige Verhaltenssteuerung sowie Lern- und Gedächtnisbildung ist in erster Linie das limbische System von Bedeutung, das bisher intensiv an Tieren untersucht wurde. Durch sich wiederholende Muster dessen, wie Eltern und Kind miteinander umgehen, erhalten Erfahrungen ihre gefühlsmäßige Einfärbung. Da die frühen Zwiegespräche regulierende und stabilisierende Funktion haben, sind die Verhaltensweisen der Eltern gegenüber dem Kind für die Reifung seines Gefühlslebens mit großer Wahrscheinlichkeit von erheblicher Bedeutung. In Tierversuchen ist dies bestätigt worden: Grundlegende Abschnitte des menschlichen Gehirns bilden sich innerhalb des ersten Lebensjahres heraus. Entwicklungen der späteren Lebensabschnitte führen lediglich zu weiteren Detailbildungen. Allerdings kann aufgrund der Formbarkeit des Gehirns angenommen werden, dass selbst später noch – wenn auch unter erschwerten Bedingungen – „Reparaturerfahrungen" einen heilsamen Einfluss ausüben können. Risiko- und Schutzfaktoren stehen einander in der Entwicklung gegenüber. Vom Einfluss der Schutzfaktoren hängt es ab, ob und wie stark sich eine bestimmte Belastung auf die Entwicklung der seelischen und körperlichen Gesundheit auswirkt.

In den folgenden Kapiteln wird diskutiert werden, welche Einflüsse und Fähigkeiten bei der frühkindlichen Entwicklung eine wichtige Rolle spielen. Ich orientiere mich an den derzeitigen Erkenntnissen und möchte Ihnen in den weiteren Ausführungen Grundlagen über entwicklungspsychologische Themenbereiche vermitteln, die für einen angemessenen, entwicklungsfördernden Umgang mit Säuglingen grundlegend erscheinen.

3 Was Neugeborene und Säuglinge bereits können

Bis vor nicht allzu langer Zeit glaubte man weithin, Neugeborene seien noch nicht in der Lage dazu, ihre Umwelt wahrzunehmen. Sinnesempfindungen wurden ihnen abgesprochen. Leider findet man auch heute noch solche Meinungen. Damit ist die Vorstellung verbunden, dass ein Baby völlig abgeschirmt ist und in einer Symbiose mit seiner Mutter lebt. Erst vor wenigen Jahrzehnten war es durch ausgefeilte Experimentalanordnungen möglich zu erforschen, wie Neugeborene und Säuglinge ihre Umwelt wahrnehmen. Man kam zu erstaunlichen und verblüffenden Erkenntnissen. Diese sollen Sie jetzt gleich erfahren.

In diesem Kapitel möchte ich Sie bereits mit einigen Signalen und Verhaltensweisen vertraut machen, die Säuglinge dazu benutzen, mit ihren Mitmenschen in Kontakt zu kommen. Sie werden während der theoretischen Ausführungen immer wieder Teile eines kleinen „Lernprogramms" vorfinden, das Ihnen mit Hilfe von Videostandbildern und systematischem Frage-Antwort-Spiel Aufgaben stellen und anschließend auch deren „Lösung" bzw. eine Erklärung unterbreiten wird.

3.1 Was Neugeborene und Säuglinge wahrnehmen

Zum Zeitpunkt ihrer Geburt verfügen die meisten Neugeborenen schon über vielfältige Wahrnehmungsfähigkeiten. Sie unterscheiden sich zwar in der Reifung dieser Fähigkeiten zum Teil erheblich, doch sind sie zu Sinneserfahrungen in allen Sinneskanälen (sehen, hören, riechen, schmecken, tasten, Bewegungserfahrung) in der Lage.

Im Laufe des ersten Lebensjahres erweitern sich ihre angeborenen Fähigkeiten durch das Zusammenspiel von organischer Reifung des Nervensystems und Reizeinflüssen der Umwelt.

Ihr Gehör und ihr Tastsinn sind in der Regel als erste ausgereift, und zwar schon lange Zeit vor der Geburt. Etwa ab dem fünften bis sechsten Schwangerschaftsmonat ist das menschliche Ohr vollständig entwickelt und dazu in der Lage, trotz der teilweisen Abschirmung durch die mütterliche Bauchdecke, akustische Reize aufzunehmen. Die Hautsinne tragen noch früher zu feinsinnigen Reizwahrnehmungen bei, die der Embryo bzw. der Fötus bereits zu seiner Orientierung in der Gebärmutter nutzt. Ich hatte im zweiten Kapitel darüber berichtet.

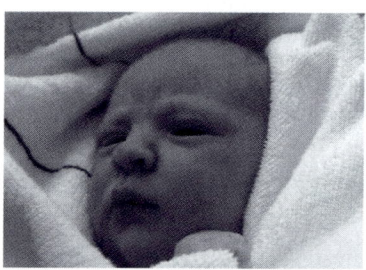

▲ Abb. 3.1: Ein Neugeborenes, 20 Minuten nach seiner Entbindung, orientiert sich in seiner neuen Umgebung.

Einige der wichtigsten und überraschendsten Ergebnisse zur Wahrnehmungsentwicklung werden nun im weiteren Textverlauf dargestellt. Sie zeigen darüber hinaus, dass Babys nicht nur ausreichend Nahrung, Pflege und Schlaf benötigen. Sie haben auch ein ausgesprochenes Interesse an ihrer Umgebung, ganz zu Anfang (in den ersten beiden Lebensmonaten) insbesondere an der menschlichen Stimme und am menschlichen Gesicht. Ihr Baby ist – vorausgesetzt, es ist wach, ausgeschlafen, satt und zufrieden – wahrscheinlich ganz „Ohr", wenn Sie zu ihm sprechen, während es in ihrem Arm liegt. Es lauscht aufmerksam Ihrer für es vertrauten Stimme und genießt dabei besonders die hohen, melodischen Töne. Wenn Sie ihm Ihr Gesicht zuwenden, kann es nicht ablassen, es zu erforschen, zunächst Ihren Haaransatz an der Stirn, und Vertrautes wieder zu entdecken. Doch zunächst sollen Sie über die einzelnen Sinneskanäle informiert werden.

Sehen

Die größte Sehschärfe besteht bei Neugeborenen auf einer Entfernung von etwa 20 bis 25 cm. Sie können Farben unterscheiden und folgen einem Gegenstand, der sich in ihrem Gesichtsfeld bewegt, mit den Augen. Auch verschiedene Muster können von Geburt an unterschieden werden. Für bestimmte Muster zeigt das Neugeborene eine Vorliebe: Hell-Dunkel-Kontraste und die Kanten eines Gegenstandes. Von Anfang an besteht eine Vorliebe für senkrecht-symmetrische Muster, die das menschliche Gesicht darstellen. Wenn ein Baby ein Gesicht betrachtet, untersucht es zuerst die Hell-Dunkel-Übergänge vom Haaransatz zur Stirn oder den Übergang des Kopfumrisses zum Hintergrund. Später, etwa mit zwei bis drei Monaten, verlagert sich sein Interesse auf das Innere des Gesichtes. Insbesondere die Augen, die Nase und der Mund stehen dann im Zentrum seiner Aufmerksamkeit (vgl. Kapitel 3.2).

Es wird kontrovers diskutiert, wann die Fähigkeit zur Unterscheidung von Gesichtsausdrücken erstmals auftritt: Manche Wissenschaftler sprechen von einem Monat, andere argumentieren für drei bis fünf Monate. Wenn das Gesicht der Mutter den Ausdruck wechselt, kann es vom Kind trotzdem als ein und dasselbe Gesicht wahrgenommen werden, nicht etwa als zwei verschiedene.

Die Mutter kann von Fremden unterschieden werden, wenn der Säugling etwa drei Monate alt ist. Doch auch diesbezüglich werden unterschiedliche Befunde berichtet, die zum Teil viel frühere Altersangaben machen. Die genannten Altersangaben dürfen aus diesen Gründen nicht als Maß zur Bestimmung einer Norm verstanden werden. Es gibt eine verhältnismäßig große Bandbreite des Normalen.

Die in den letzten Absätzen erwähnten Vorlieben des Kindes und seine Unterscheidungsfähigkeiten beeinflussen den Aufbau der Eltern-Kind-Beziehung. Wenn ein Neugeborenes das elterliche Gesicht betrachtet, löst es unmittelbar Freude, Liebe und Zuwendung aus. Die Untersuchung des mütterlichen Gesichtes ist gleichzeitig auch Blickkontakt-Aufnahme und Begrüßung der Mutter. Wir sehen an diesem Beispiel: Die frühen Wahrnehmungsfähigkeiten sind keine losgelösten, rein sinnlichen Phänomene. Sie sind immer in einen Zusammenhang mit der Beziehungsentwicklung zu den Eltern und zur Umwelt eingebettet!

Die Fähigkeiten des Säuglings, bekannte von unbekannten Personen zu unterscheiden, sind mit speziellen Phasen seiner Bewusstseinsentwicklung und Bindungsfähigkeit verbunden. Im 4. Kapitel über frühkindliche Entwicklungen werde ich darauf zurückkommen.

Hören

Die frühe Reife des Gehörs wurde schon angesprochen, ebenso die Vorliebe für die menschliche Stimme.

- Neugeborene wenden ihren Kopf in die Richtung einer Geräuschquelle, eine anspruchsvolle Leistung.
- Mit einem Monat sind sie dazu in der Lage, eine Vielfalt verschiedener Lautäußerungen (z.B. p und b) ganz deutlich zu unterscheiden.

Viele recken ihre Ohren zum Mund des Sprechers und lauschen geradezu begierig, wenn sie dabei auf dem Arm gehalten werden. Das motiviert die Eltern, viel mit ihrem Baby zu sprechen und ihre Stimme dabei vielfältig einzusetzen.

Sie können weiterhin synthetisch erzeugte Stimmen von wirklichen menschlichen Stimmen unterscheiden. Darüber hinaus synchronisieren sie ihre Bewegungen mit den sprachlichen Äußerungen eines sprechenden Erwachsenen: Das Baby hält mit seinen Bewegungen inne, wenn der Sprecher eine Sprechpause einfügt, es beschleunigt oder intensiviert sie, in Abhängigkeit von der Intensität, Lautstärke und Geschwindigkeit des Sprechens. Was der Säugling damit zeigt, lässt den Eindruck aufkommen, dass es bereits sehr früh ein Einfühlungsvermögen gibt. Er spiegelt nämlich durch sein Bewegungsverhalten die Grundqualitäten des menschlichen Verhaltens: Tempo, Intensität (Lautstärke) und (Laut-)Muster oder Gestalt. Diese sind auch die grundlegenden Qualitäten der menschlichen Zwiesprache.

Riechen und Schmecken

Kinder nehmen ihre Mutter am Geruch wahr. Sie können sehr bald nach der Geburt den Geruch der Mutter von dem einer anderen Frau unterscheiden und bevorzugen den ersten. Einem Tuch, das die Mutter am Körper getragen hat oder einer Stilleinlage, die auf einer Seite des Bettchens befestigt wird, wendet sich das Neugeborene bevorzugt zu, indem es seinen Kopf zur entsprechenden Seite wendet.

Auch verschiedene Geschmacksrichtungen werden unterschieden. Bevorzugt wird Süßes.

Andere Sinneswahrnehmungen

Tast- und Bewegungserfahrungen, wie Gehalten-, Berührt- und Bewegtwerden, sind für Neugeborene unverzichtbar. Normalerweise macht das Baby keine einfachen, sondern vielschichtige Erfahrungen, an denen mehrere Sinneskanäle gleichzeitig beteiligt sind. Die Erfahrung komplexer Sinneseindrücke ist die Regel. Die individuelle Art der Mutter, ihr Kind aufzunehmen, zu halten und zu bewegen, vermittelt ihm ein komplexes Bewegungsmuster. Daher lernt es auch bald zu unterscheiden, ob es von der Mutter oder von einer anderen Person gehalten wird. Wie schon erwähnt werden auch Tastempfindungen bereits sehr früh wahrgenommen.

Bewegungsempfindungen des eigenen Körpers und Wahrnehmungen aus dem Körperinneren (Organe, Muskeln und Gelenke) existieren ebenfalls von Geburt an als voneinander unterschiedene Wahrnehmungsbereiche.

Die Fähigkeit zur ganzheitlichen Wahrnehmung

Die Ergebnisse wissenschaftlicher Forschung belegen, dass schon Neugeborene Gegenstände als Ganzes erfassen. Sie können die verschiedenen Sinneseindrücke von Anfang an miteinander in Beziehung setzen.

■ Einen genoppten Schnuller, an dem sie zuvor gesaugt haben, können sie von einem glatten Schnuller unterscheiden: Sie blicken den genoppten länger an.

■ Sie sind irritiert, wenn sie ein sprechendes Gesicht sehen und die Stimme nicht aus der Richtung des Mundes, sondern von der Seite her (Tonband) kommt.

■ Auch wenn das sprechende Gesicht der Mutter mit einer fremden Stimme unterlegt wird, zeigen sie Unruhe.

■ Sie können bald schon die unterschiedlichen Intensitäten zweier verschiedener Reizqualitäten (z.B. Helligkeit und Lautstärke) in Übereinstimmung miteinander bringen.

■ Synchronisierungsfehler in Filmen, in denen der Sprecher seinen Mund nicht dem Gesprochenen gemäß bewegt, stellen sie fest und reagieren irritiert.

Das haben Wissenschaftler bei drei bis vier Monate alten Säuglingen beobachtet. Derartige Beispiele aus einer Fülle von Experimenten der Säuglingsforschung gibt es mittlerweile in sehr großer Anzahl. Lange glaubte man, Säuglinge würden in einer Welt getrennter Empfindungen leben, die sie im Entwicklungsverlauf allmählich „zusammenbauen" müssten. Heute kann man hingegen davon ausgehen, dass sie im Verlauf des Entwicklungsprozesses lernen, Ganzheiten in ihre verschiedenen Teile zu zerlegen und nicht umgekehrt. Diese geistigen Leistungen hätte man Säuglingen nicht zugetraut. Intensitäts-, Zeit- und Gestaltmuster werden von einer Sinnesqualität in eine andere übersetzt.

Die Ergebnisse zur Wahrnehmungskoordination waren revolutionär. Denn dabei erbringen Säuglinge abstrahierende Leistungen, die man bis vor nicht allzu langer Zeit noch dem späten Kindesalter zuschrieb.

3.2 Die wahren Meister des sozialen Kontaktes

Von der Geburt bis zum Alter von etwa zwei oder drei Monaten finden die Anfänge des gefühlsmäßigen Austausches statt. Ein Säugling verfügt von Geburt an über eine gewisse soziale „Vorausstattung" (z. B. angeborene Gefühlsmuster wie Interesse, Vergnügen, Ärger oder Ekel). Diese befähigt ihn dazu, seinen individuellen Beitrag zum Verlauf einer kleinen Unterhaltung zu leisten. Sie ist abhängig von seiner Reifung und von seinem Temperament. Ein Neugeborenes ist dazu fähig, seine menschliche Umwelt wahrzunehmen und auf sie zu reagieren. Darüber hinaus sendet es an die Umwelt seine eigenen Signale aus. Wenn man sich die Einzelheiten seines Beitrages zu einer Unterhaltung betrachtet, wie es im folgenden gleich geschehen wird, so wird offensichtlich, dass es als aktiver Partner angesehen werden muss, der eigenständig handelt und reagiert.

Säuglinge signalisieren ihr Interesse an einer Unterhaltung

Säuglinge haben ein Bedürfnis nach Kontakt, wenn auch nicht zu jeder Zeit. Sie geben in der Regel klare Signale und zeigen recht unmissverständlich – wenn auch unterschiedlich stark –, ob sie stimuliert werden möchten, ob sie sich unterhalten möchten, ob sie wach sind oder müde. Es gibt allerdings Unterschiede in der Deutlichkeit der Ausdruckssignale, die unter anderem auf Temperamentsunterschiede zurückgehen.

Normalerweise wechseln sich Phasen von Aufmerksamkeit mit solchen von Uninteressiertheit regelmäßig ab. Die Bereitschaft des Säuglings zur gemeinsamen Unterhaltung unterliegt einem Rhythmus. Je nach individueller Reife kann dieser länger oder kürzer sein. Die Aufmerksamkeit ist zu Beginn zeitlich noch sehr eingeschränkt. Neugeborene können höchstens fünf bis zehn Minuten aufmerksam sein, wonach sie schon ermüden. Das ist relativ kurz für uns als Erwachsene. Im Alter von sechs

Monaten dagegen kann sich ein Kind schon recht lange – etwa eine halbe Stunde – auf etwas konzentrieren. Allerdings gibt es auch diesbezüglich eine ganze Bandbreite von Aussagen. Meine Angaben sollten Sie daher nicht als Normwerte verstehen.

Man kann bei Säuglingen verschiedene Aufmerksamkeitszustände unterscheiden:

Die *aufmerksame Wachheit* des Kindes ist für eine kleine Unterhaltung am besten geeignet (Abbildung 3.2).

▲ Abb. 3.2: Aufmerksam-wacher Ausdruck eines 4 Wochen alten Neugeborenen

Das Kind kann dabei aktiv oder auch unbewegt sein. Entweder bewegt es sich lebhaft, jedoch ausgeglichen, und sucht den Blick des anderen – oder es verhält sich ruhig und signalisiert sein Interesse allein durch seinen Blick. Durch

- Blickkontaktaufnahme,
- Lächeln,
- positive Laute oder
- Laut- und Sprechbewegungen des Mundes, durch
- angemessene Erregung und später durch
- Entgegenstrecken der Ärmchen sowie durch
- Untersuchen von Gegenständen mit den Händen oder mit dem Mund

lädt das Kind zum Zwiegespräch ein. Dann sollen Sie sich – wenn Sie gerade Zeit haben und in der Stimmung sind – ganz auf Ihr Kind einstellen und von ihm leiten lassen. Das erfordert keine besonderen Fertigkeiten, die Sie erlernen müssten. Sie werden sehr schnell merken, wie Ihnen „das Herz aufgeht" und wie Ihre Phantasie „mit Ihnen durchgeht", wenn Sie den Blick und vielleicht das Lächeln Ihres Kindes erwidern und Ihrem Bedürfnis, es sanft zu berühren und zu ihm zu sprechen, nachgeben. Die Momente der Gegenseitigkeit sind einzigartig, für das Baby und für Sie als Eltern.

Desinteresse: Umgekehrt signalisiert das Baby durch

- mangelnde Blickzuwendung,
- Abwendung seines Blickes,
- unbestimmten oder verdrießlichen Gesichtsausdruck und
- fehlende Lautäußerungen,
- Schlaffheit oder Anspannung,

dass es kein Interesse an der Unterhaltung, am Spiel oder keine Ausdauer mehr hat (Abbildungen 3.3 und 3.4). Dann ist es sinnvoll, keinen Kontakt zu ihm aufzunehmen, es allenfalls aufmerksam zu beobachten und zu schauen, wie es sich weiterhin verhält.

▲ Abb. 3.3: Schlaffheit und Abwendung als Zeichen von Desinteresse

Wenn ein Säugling *überlastet* ist, werden seine Signale heftiger: Er vermeidet den Blick, indem er sein Köpfchen wegdreht, seine Bewegungen werden hektisch und unbestimmt, er atmet manchmal auch heftig, quengelt oder schreit im äußersten Falle.

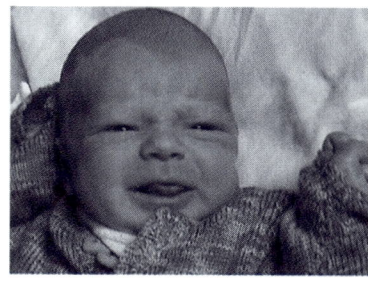

▲ Abb. 3.4: Verdrießlicher Gesichtsausdruck eines Neugeborenen

Die genannten Reaktionen treten dann auf, wenn das Kind die Reize der Umwelt (z.B. bei Überreizung) nicht verkraften kann. Wenn die Aufmerksamkeitsfähigkeiten überschritten sind, verhalten sich Säuglinge oft überreizt. Für Sie als Eltern bedeutet das schon eine gewisse Anforderung, und es kann vorkommen, dass Verunsicherung eintritt und das Gefühl, etwas falsch gemacht zu haben, auch wenn es unbegründet ist. Wichtig ist nun, durch die eigene Ruhe und das Stoppen der äußeren Reizzufuhr dem Kind zu vermitteln, dass alles in Ordnung ist und dass es sich nun beruhigen kann.

Bei *Müdigkeit*, die das Neugeborene am Anfang recht plötzlich, nach einer sehr kurzen Unterhaltungsdauer, überwältigen kann, gähnt es, oder seine Äuglein röten sich. Später kann es sich dann die Äuglein reiben, wenn es Schlaf benötigt (Abbildung 3.5).

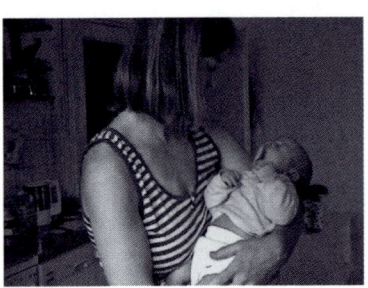

▲ Abb. 3.5: Unverkennbares Müdigkeitssignal: Gähnen

In solchen Situationen sollten Sie nicht darauf warten, dass Ihr Baby erneut Müdigkeitszeichen zeigt, sondern relativ zügig für Ruhe und Schlaf sorgen.

Blickverhalten – das bedeutendste soziale Signal

Das wichtigste soziale Signal des Babys ist sein Blickverhalten. Wenn es Blickkontakt aufnimmt, bedeutet das: „Ich bin am Kontakt interessiert." Beim Erwachsenen löst dies beglückende Gefühle aus, man fühlt sich dazu bewegt, mit dem Kind zu sprechen, zu lachen, es zu liebkosen und in einen intensiven Austausch mit ihm zu treten.

Wenn es seinen Blick abwendet oder erst gar keinen Blickkontakt aufnimmt, signalisiert es, dass es im Moment kein Interesse an einem Austausch hat. Meistens kommt es während einer Unterhaltungsperiode mehrmals dazu, dass das Kind seinen Blick für eine Zeitlang abwendet. Dies ist eine sehr wichtige Fähigkeit zur Selbstregulation: Während der Unterhaltung bzw. während des gemeinsamen Spiels steigt nämlich beim Säugling die Erregung seines Nervensystems an, da für ihn die Welt noch neu ist und es ihn viel Energie kostet, wahrzunehmen und Kontakt zu halten. Insbesondere der Blickkontakt ist für ein Neugeborenes ein hochgradig erregender Reiz. Mit der Blickabwendung signalisiert es, dass es eine Erholungspause benötigt, da seine Konzentrationsmöglichkeiten erschöpft sind. Sie ist ein vorübergehendes „Aussteigen". Schon nach wenigen Sekunden nimmt es dann aber in der Regel den Kontakt eigenständig wieder auf, nachdem es sich ausreichend ausgeruht hat. Voraussetzung ist, dass die Eltern in der Phase der Blickabwendung ihr Kontaktangebot zurücknehmen und einfach nur beobachtend warten bis das Baby wieder von sich aus Bereitschaft zur Unterhaltung zeigt. In der Regel zeigt es dies durch erneute Blickkontakt-Aufnahme.

An dieser Stelle möchte ich Sie gerne zu einigen Übungen einladen, um das bisher Gelesene zu vertiefen. Bitte versuchen sie nun einmal, die folgenden Aufgaben zu lösen. Es funktioniert so:

Betrachten Sie zunächst jeweils das angegebene Foto und versuchen Sie, die sich anschließenden Fragen zu beantworten:

1. Überlegen Sie bei jedem Bild, wie sich das Kind fühlt und wie es ihm wohl gerade geht.
2. Zählen Sie danach die einzelnen Merkmale auf, die Ihnen am Baby auffallen, mit denen es sein Befinden ausdrückt.
3. Übersetzen Sie diese Zeichen in Sprache und formulieren Sie, was das Kind Ihnen durch seine Signale mitteilen möchte.

Lesen Sie nicht weiter, sondern machen Sie sich eigenständig einige Gedanken dazu. Vielleicht mögen Sie Ihre Antworten auf einem Blatt Papier notieren. Vergleichen Sie bitte erst im Anschluss, inwieweit Ihre Sichtweise mit meinen Erläuterungen übereinstimmt. Hier gleich ein erstes Beispiel zum Ausprobieren:

Betrachten Sie bitte die nebenstehende Abbildung und beantworten Sie die folgenden drei Fragen:

▲ Abb. 3.6

4. Wie fühlt sich Ihrem Eindruck nach das Baby in der Abb. 3.6?
5. Durch welche Signale zeigt es Ihnen, wie es ihm geht?
6. Wie lautet seine Mitteilung in Erwachsenen-Sprache übersetzt?

Dies sind meine Antworten:

Dieses Kind wirkt zufrieden und interessiert an dem Mann, der ihm gegenüber steht, der es anblickt und mit ihm spricht. Es hält den Blickkontakt zu ihm. Das bedeutet, dass es seine ganze Aufmerksamkeit auf ihn richtet. Es schaut ihn an und hält dadurch Kontakt über den Blick.

Es gibt ihm auf diese Weise zu verstehen, dass es im Moment nichts so interessant findet wie sein Gesicht, seine Augen, vielleicht auch seine Töne. Es signalisiert Interesse und Vergnügen.

Die **Botschaft** des Kindes lautet: Lass uns flirten, bleib im Blickkontakt und unterhalte Dich mit mir, denn das macht mir gerade Spaß.

Stimmen Ihre Vorschläge im Wesentlichen mit meinen Antworten überein? – Wenn dies der Fall ist, dann können Sie sich gleich an die nächste Aufgabe machen.

Betrachten Sie bitte die nebenstehende Abbildung und beantworten Sie vor dem Weiterlesen wieder die drei Fragen in der vorgegebenen Reihenfolge:

 Abb. 3.7

1. Wie fühlt sich Ihrem Eindruck nach das Baby auf dieser Abbildung?
2. Durch welche Signale zeigt es Ihnen, wie es ihm geht?
3. Wie lautet seine Mitteilung in Erwachsenen-Sprache übersetzt?

Meine Erklärung zu Abbildung 3.7 lautet:

Das Baby versteckt seinen Kopf in der Schulter der Mutter. Nachdem es den Mann im Vordergrund eine Zeit lang mit großem Interesse fixiert hatte, bricht es unmittelbar den Blickkontakt zu ihm ab. Im Video zum Foto kann man sehen, dass es sein Köpfchen abrupt abwendet und es an die Schulter seiner Mutter legt, nachdem in seinem Gesichtsausdruck Zeichen der Überanstrengung zu sehen waren. Auf diesem Bild kann man lediglich die letzte Phase sehen, in der der Kopf des Kindes sich der Mutter zuwendet.

Die Blickabwendung soll uns sagen, dass das Kind eine Pause benötigt. Säuglinge sind nur sehr begrenzt aufnahmefähig. Was sie wahrnehmen, müssen sie im Vergleich zum Erwachsenen mühsam verarbeiten. Sie sind es noch nicht gewohnt zu sehen, zu hören, zu riechen usw. Wahrnehmungstätigkeit von Säuglingen sind zu vergleichen mit Arbeitsleistungen der Erwachsenen. Man kann das nicht mit unserer routinierten Wahrnehmung vergleichen, die ganz automatisch nebenbei abläuft. Daher brauchen Babys regelmäßig eine Pause, in der sie sozusagen auftanken können. Sie schauen dann einfach ins Leere, auf nichts Bestimmtes. Wie lange diese Pause dauert, bestimmen sie selbst. Nach einer kurzen oder längeren Weile nehmen sie den Kontakt eigenständig wieder auf, es sei denn, sie sind einfach zu sehr erschöpft.

Die **Botschaft** des Kindes lautet hier: Schau mal, wie aufregend das alles für mich ist, alles ist so neu und so spannend. Lass mich nur ein klein wenig in Ruhe. Wenn ich mich erholt habe, können wir weiter machen.

Bereitschaft zur gemeinsamen Unterhaltung bzw. zum Spiel und Erholung wechseln einander ab. Wenn der Erwachsene auf den Rhythmus des Neugeborenen eingeht, entsteht ein Wechselspiel. Der Erwachsene lässt dem Kind Zeit, wenn es sich erholt, und wendet sich ihm zu, wenn es aufmerksam ist.

Säuglinge, denen kurze Erholungspausen nicht zugestanden werden (weil die Eltern sich z.B. durch die Blickabwendung abgelehnt fühlen und glauben, sie müssten ihrem Kind mehr bieten), wehren sich irgendwann gegen die Überreizung, indem sie mit viel Muskelkraft ihr Köpfchen und manchmal sogar ihren ganzen Körper wegzudrehen versuchen. Diese Reaktion wird fachsprachlich als aktive Blickkontakt-Vermeidung bezeichnet.

Manche Kinder vermeiden den Blick auch passiv. Sie schauen einfach nur nach unten, senken die Lider, um die einströmenden Reize nicht aufnehmen zu müssen. Die Blickkontakt-Vermeidung ist dann als Alarm-Signal anzusehen, wenn sie gehäuft auftritt. Sie ist mit einem Fluchtversuch zu vergleichen, einer Möglichkeit zu entkommen, wenn die Reizeinflüsse zu einer unerträglichen Belastung werden. Denn dies bedeutet einen starken Anstieg der neurophysiologischen Erregung des Kindes. Wenn Sie bei Ihrem Kind eine Blickkontakt-Vermeidung (aktiv oder passiv) beobachten, sollten Sie unmittelbar inne halten und ihm eine Auszeit zugestehen, in der Sie selbst sich zurückziehen und abwarten bis es selbst den Kontakt wieder sucht. Häufig bedeutet das, dass Sie sich auch körperlich ein wenig distanzieren, da Blickvermeidungen oft bei großer körperlicher Nähe auftreten. Man ist dann leicht geneigt, die Reaktion des Babys als persönliche Ablehnung zu empfinden und tief verletzt zu sein. Dies ist jedoch nicht der Fall. Ein Baby ist aufgrund seines entwicklungspsychologischen Reifezustandes noch gar nicht in der Lage, jemanden nicht zu mögen oder abzulehnen. Es kann gar nicht anders als die Eltern zu lieben, unabhängig wie sie sich verhalten. In der beschriebenen Situation aber will es mitteilen: „Ich kann im Moment einfach nicht mehr und brauche unbedingt etwas Abstand und Innehalten mit dem Spiel, da ich sonst zu sehr aufgeregt werde."

Bitte betrachten Sie jetzt Abbildung 3.8 und bearbeiten Sie wieder die folgenden Fragen:

▲ Abb. 3.8

1. Wie fühlt sich Ihrem Eindruck nach das Baby auf diesem Bild?
2. Durch welche Signale zeigt es Ihnen, wie es ihm geht?
3. Wie lautet seine Mitteilung in Erwachsenen-Sprache übersetzt?

Dies sind meine Antworten zu Abbildung 3.8:

Der Bildausschnitt zeigt, wie Abbildung 3.6, eine Zeit des Blickkontakts zwischen Kind und Mutter. Das Kind – offenbar recht zufrieden – signalisiert durch die Blickzuwendung und durch seinen offenen Mund und Gesichtsausdruck, seine zugewandte Haltung, dass es mit der Mutter im Kontakt sein möchte, sich mit ihr „unterhalten", ihre Stimme hören und ihren Anblick genießen möchte.

Seine **Botschaft** lautet: „Oh ja, ich genieße den Konakt mit Dir, mach nur weiter, das interessiert mich alles sehr."

Betrachten Sie nun die nebenstehende Abbildung und denken
Sie an Ihre drei Fragen, bevor Sie die Antworten lesen:

▲ Abb. 3.9

1. Wie fühlt sich Ihrem Eindruck nach das Baby auf der Abb. 3.9?
2. Durch welche Signale zeigt es Ihnen, wie es ihm geht?
3. Wie lautet seine Mitteilung in Erwachsenen-Sprache übersetzt?

Meine Erklärungen zu Abbildung 3.9 sind folgende:

Im Bild sehen wir eine aktive Blickkontakt-Vermeidung. Die Mutter gibt sich viel Mühe, mit ihrem Kind Kontakt herzustellen, sie
beugt sich sehr nah zu ihm vor, sucht den Blickkontakt, spricht
zu ihm. Doch das Kind wendet sich ab, es dreht seinen Kopf weg
von ihr bzw. nicht zu ihr hin und verweigert den Kontakt dadurch aktiv. Das Senken seiner Augenlider bedeutet zusätzlich
eine passive Blickkontakt-Vermeidung.
    Nachdem eine längere Phase der gemeinsamen Unterhal-
tung und des intensiven, erregenden Spiels voran gegangen
war, zeigt dieses Kind uns an, dass es überlastet ist. Eine Zeitlang war der Kontakt sehr intensiv, die Mutter sehr nah. Doch
dann ist das Kind nicht mehr dazu bereit, das Spiel fortzusetzen.
Es zeigt mit seinem ganzen Körper eine Vermeidungshaltung

an. Es bleibt von ihr abgewandt, was immer sie auch tut. Es setzt seine Muskelkraft ein, um den Blicken der Mutter zu entrinnen.

Das vier Monate alte Kind versucht sich auf diese Weise vor Übererregung zu schützen. Der Blickkontakt ist etwas sehr Aufregendes für einen Säugling. Wenn die Erregung zu unangenehm wird, fühlt sich das Kind überfordert und will flüchten. Da Sie hier nur ein Foto sehen, können Sie die leichten Fluchtbewegungen, die es zur Seite hin ausführt, nur erahnen. Erkennbar ist für Sie jedoch bei genauem Hinsehen vielleicht der leichte Druck, den die Mutter auf den Körper ihres Kindes ausübt, um es zum Kontakt zu bewegen.

Die **Botschaft** lautet: Lass mich in Ruhe! Ich kann nicht mehr!

Es ist dringend davon abzuraten, das Kind zum Blickkontakt zu zwingen, indem man sein Köpfchen oder seinen Körper zu sich bewegt, da eine Pause an diesem Punkt unbedingt notwendig ist!

Zusammenfassend möchte ich festhalten, dass Erwachsene das Blickverhalten eines Babys sehr ernst nehmen sollten. Durch sein Blickverhalten teilt es seine Bedürfnisse mit. Es ist eine bedeutende „Orientierungshilfe" für den Erwachsenen, wenn er sich mit dem Baby unterhält.

Am liebsten Gesichter

Das angeborene Interesse von Säuglingen am menschlichen Gesicht war in den vorhergehenden Abschnitten schon kurz angeklungen. Neugeborene lassen sich auch durch einfache Strich-Muster von Gesichtern in Bann ziehen. Sie untersuchen solche Zeichnungen, indem sie sie mit großer Ausdauer anschauen, genauso wie wirkliche menschliche Gesichter. Wenn sie ein menschliches Gesicht so ausgiebig betrachten, lösen sie damit bei der betreffenden Person positive Gefühle und liebevolle Zuwendung aus, da ihr Verhalten häufig als Kontaktwunsch verstanden wird. Darüber ist die Freude bei den Erwachsenen natürlich sehr groß!

Wie drücken Babys ihre Gefühle aus?

Durch seine Mimik, Körperhaltung, Vokalisationen und durch Nachahmen kann ein Neugeborenes sein Befinden ausdrücken und somit auf sein Gegenüber reagieren. Wir hatten in Kapitel 3.1 die synchronisierenden Bewegungen des Säuglings beschrieben, mit denen er die sprachlichen Äußerungen von Erwachsenen begleitet. Sie sind als Nachahmung zu verstehen und wirken wie ein Spiegel. Sie lassen darauf schließen, dass das Baby Gefühlsmuster, die sich im nichtsprachlichen Verhalten Erwachsener finden, übernimmt. Auch Gesichtsausdrücke ahmt es nach, teilweise schon in den ersten Lebenstagen. Manche Autoren verstehen diese frühen Nachahmungen als erste Form der Identifizierung. Wir können sie wie Vorläufer des Einfühlungsvermögens verstehen. Es wird auch deutlich, dass ein Baby sich an den Gefühlen des Erwachsenen, die es übernimmt und widerspiegelt, orientiert.

Erste Gefühle: Es ist noch recht unklar, wie fein Gefühlsnuancen zum Zeitpunkt der Geburt vom Neugeborenen unterschieden werden. Was fühlen Neugeborene und Säuglinge? Zum einen besteht in der Entwicklungspsychologie weiterhin die herkömmliche Ansicht, es könnten lediglich Lust und Unlust unterschieden werden, je nach dem Erregungsgrad des Nervensystems. Diese relativ groben Gefühlskategorien würden sich im Laufe der Zeit (abhängig von der Reifung des zentralen Nervensystems) wie die Äste eines Baumes verzweigen und damit auch feinere Unterscheidungen oder Zwischenstufen von Gefühlen zum Vorschein bringen.

Zum anderen gibt es aber heutzutage auch Hinweise dafür, dass schon in den ersten Wochen ein relativ reichhaltiges Gefühlsleben stattfindet. In einigen Studien wurden verschiedene Gesichtsausdrücke in den ersten Lebenstagen gefunden, die darauf hinweisen, dass zumindest einige Gefühle sehr früh erlebbar sind (Ekel, Überraschung, Neugier). Andere treten später während des ersten Lebensjahres auf: Freude erscheint etwa mit vier bis sechs Wochen, Traurigkeit und Ärger mit drei bis vier Monaten und Furcht mit sechs bis acht Monaten. Allerdings gilt auch hier wieder: Der Normbereich zeigt eine überraschende Bandbreite.

Säuglingsschreien: Besondere Aufmerksamkeit möchte ich an dieser Stelle dem Schreien widmen. Ein wichtiges Anliegen aller Eltern ist es, dass sie das Schreien ihres Kindes verstehen. Schreien ist für ein Baby die intensivste Ausdruckserscheinung (Abbildung 3.10). Es geht mit hoher Erregung des zentralen Nervensystems einher. Es sagt Ihnen lediglich, dass sich Ihr Baby unwohl fühlt. Den Grund kann es jedoch nicht mitteilen. Manche Babys schreien mehr als andere. Zum Teil beruht dies auf ihrem angeborenen Temperament. Ich werde im vierten und fünften Kapitel darauf zurückkommen.

Meistens stellen sich Eltern die Frage, ob man ein Kind auch einmal schreien lassen sollte, ohne darauf zu reagieren, ob man es verwöhnen könne, wenn man immer gleich auf sein Schreien eingeht, oder ob man ihm einen seelischen Schaden zufüge, wenn man dies nicht tut. Auf dem Hintergrund des heutigen Wissensstandes kann dazu Folgendes gesagt werden: Das Baby will uns durch sein Schreien etwas mitteilen, genauso wie es durch seine anderen Signale (Blickverhalten, Mimik, Körperhaltung etc.) Mitteilungen macht. Deshalb ist es wichtig, sein Schreien zu beachten und herauszufinden, was der Grund dafür sein könnte. Dies ist möglich, wenn man den Kontext einbezieht, in dem das Schreien aufgetreten ist. Was ist vorher geschehen? Wann hat es zum ersten Mal sein Gesichtchen verzogen und seinen Körper angespannt? Wann hat es den Blick abgewendet oder vermieden? Was war direkt vorher? – Es wird jedoch nicht jederzeit möglich sein, den Grund des Schreiens herauszufinden. In der Regel kann man das Kind aber trotzdem beruhigen. Eine Kollegin vergleicht das Schreien des Babys mit einem Telegramm. Telegramme und das Schreien haben einige Parallelen: Sie sind inhaltlich nicht gerade ausführlich, und man überlegt manchmal, was wohl damit gemeint sein könne.

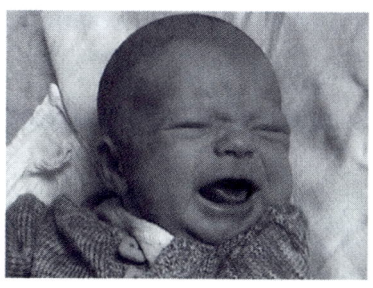

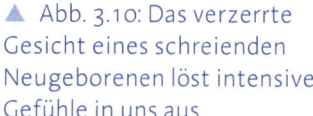
▲ Abb. 3.10: Das verzerrte Gesicht eines schreienden Neugeborenen löst intensive Gefühle in uns aus.

Besonders aber in den ersten drei Lebensmonaten ist ein Baby darauf angewiesen, dass die Erwachsenen ergründen, was es zum Ausdruck bringen möchte, und darauf angemessen reagieren. Die meisten Mütter lernen erstaunlich schnell verschiedene Arten des Schreiens nach ihrem Klang zu unterscheiden und können dadurch auch meistens angemessen darauf reagieren. Wenn das Kind sich „eingeschrieen" hat, ist es allerdings sehr schwierig, verschiedene Arten zu unterscheiden und das Schreien einer bestimmten Ursache zuzuordnen. Umso schwieriger wird es sein, es zu beruhigen. Daher ist zu raten, in den ersten Lebensmonaten möglichst prompt auf das Schreien zu reagieren. Das bedeutet nicht, dass Sie Ihr Kind bei jedem Piepston sofort auf den Arm nehmen müssen. Im Gegenteil. Indem Sie Piepstöne von Schreien unterscheiden und sich bei ersteren abwartend und beobachtend verhalten, geben Sie Ihrem Baby die einzigartige Gelegenheit, sich selbst beruhigen zu lernen. Sie merken dann schon, wenn die Töne dringender werden, dass es das Kind jetzt nicht allein schafft und Ihre Hilfe benötigt.

Bevor ein Baby zu schreien beginnt, hat es bereits Signale von Unwohlsein, Belastung, Überforderung etc. gesendet. Wenn diese vorausgehenden Signale rechtzeitig und angemessen beantwortet werden, muss das Baby nicht schreien. Müdigkeit, die nicht erkannt wird, Reizeinflüsse, die überfordern, oder Spannung, die übersehen wird, weil man sein Kind einfach maximal fördern möchte, können beim Kind unangenehme Empfindungen hervorrufen. Diese werden schließlich durch Schreien mitgeteilt. Ich möchte Sie auf den nächsten Seiten mit einigen Hinweisen auf Belastung beim Kind bekannt machen.

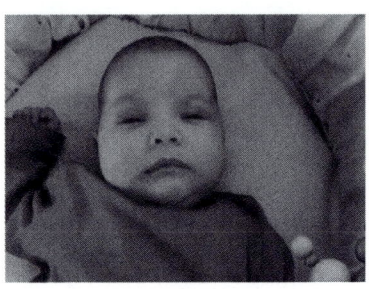

▲ Abb. 3.11

Betrachten Sie bitte die obenstehende Abbildung und erklären Sie die abgebildete Situation mit Hilfe der Ihnen bereits vertrauten Fragen:

1. In welchem Zustand befindet sich dieses Kind, wie geht es ihm?
2. Welche Signale geben uns darüber Auskunft?
3. Wie lautet die Botschaft des Kindes, übersetzt in Erwachsenensprache?

Meine Antworten zu Abbildung 3.11 lauten:

Dieses Baby ist sehr müde. Die Äuglein sind nahezu geschlossen, sie werden immer kleiner, und das Kind liegt schlaff in seinem Bettchen – das sind Signale für Müdigkeit.

Ältere Babys reiben sich die Augen, wenn sie überlastet und müde sind. Aber nicht bei allen – vor allem wenn sie noch ganz jung sind – findet man so deutliche Zeichen. Manche werden plötzlich unruhig und quengelig oder schreien, ohne dass man einen Grund dafür weiß. In solchen Situationen kann es sein, dass sie müde sind.

Botschaft: „Lass mich einfach schlafen", würde das Kind auf unserem Bild sagen, wenn es sprechen könnte. Es wäre gut, den

Raum abzudunkeln und Geräusche zu reduzieren (z.B. durch Schließen der Fenster). Wenn Sie Ihr müdes Kind im Arm halten, könnten Sie es vielleicht noch ganz leicht schaukeln und beruhigende Töne machen, falls es unruhig ist. Wenn es ruhig ist, könnten Sie es jedoch ohne Weiteres ins Bett legen, damit es ungestört sein kann. Ein müdes Baby wachzuhalten ist eine belastende Erfahrung für das Kind. Es könnte zu schreien beginnen und nur schwer zu beruhigen sein, weil es dann einfach überreizt ist.

Manchmal ist man nicht ganz sicher, ob ein Kind wirklich müde ist oder Hunger hat, wenn es schreit. Und wenn man die undeutlichen Müdigkeitssignale, wie es oft vorkommt, übersehen hat, glaubt man, das Baby sei hungrig. Viele Eltern erkennen an der Schrei-Art ihres Babys, was es gerade möchte. Man kann sich aber auch daran orientieren, dass die ganz kleinen Neugeborenen nur sehr kurze Wachphasen haben, in denen sie aufmerksam sein können. Das sind oft nur etwa 5–10 Minuten. Wenn ein Säugling bereits mehrere Monate oder ein halbes Jahr alt ist, kann er schon bis zu einer halben Stunde konzentriert bleiben.

Lassen Sie mich doch gleich ein weiteres Belastungssignal präsentieren, betrachten Sie dazu die Abfolge der Abbildungen 3.12, 3.13 und 3.14 und bearbeiten Sie wieder drei Fragen:

▲ Abb. 3.12

▲ Abb. 3.13

▲ Abb. 3.14

1. Wie fühlt sich wohl dieses Baby jeweils auf den drei Standbildern?
2. Durch welche Signale zeigt es uns seinen Zustand? Was verändert sich im Verlauf der Bildfolge?
   (Versuchen Sie doch einmal, den Gesichtsausdruck des Babys zu imitieren, um sich besser einzufühlen, besonders bei Abbildung 3.14.)
3. Was sagt uns das Kind auf jedem der Bilder?

Mein Eindruck zu dieser Abbildungsserie ist:

Diesem 2,5 Monate alten Säugling wird im Verlauf der Situation irgendetwas unangenehm. Seine Mimik verändert sich ganz allmählich. In der Abbildung 3.12 schaut er sehr interessiert zu dem Marionettenpüppchen, das durch die Mutter bewegt wird. Das Gesicht ist auf dem ersten Bild noch relativ entspannt, die Äuglein weit geöffnet und die Händchen offen. Auch der entspannte Mund signalisiert, dass die Situation so wie sie gerade ist, fesselt, jedoch nicht überfordert.

In der Abbildung 3.13, wenige Sekunden später, ist der Mimik des Kindes jedoch bereits eine recht hohe Anspannung zu entnehmen. Das Baby wirkt angestrengt. Wir können das an den leicht zusammen gekniffenen Augen, dem jetzt (im Vergleich zu 3.12 deutlich) angespannten Mund, der etwas herabgezogen wird, und an den zusammengeführten Händchen, die zu Fäustchen geschlossen sind, erkennen.

In der Abbildung 3.14 wird der ganze Ausdruck noch extremer: Nun sind Augen und Mund noch stärker herabgezogen sowie das Gesichtchen insgesamt. Auf dem Foto ist die Stirn gerunzelt und die Brauen zusammen gezogen. Die Mundwinkel werden nach unten gezogen und die Äuglein zusammen gekniffen. Die Augenwinkel sind nach unten gezogen. Auch der Körper des Kindes ist jetzt ganz angespannt.

Das letzte Bild zeigt sehr eindrücklich, dass dieses Baby jetzt leidet. So als wollte es gleich zu weinen beginnen. Dem Kind ist das, was gerade geschieht, in der Tat zuviel. Es ist überstimuliert, würden wir sagen. Das Kind findet das Püppchen offensichtlich sehr interessant und aufregend. Deshalb muss es unentwegt hinschauen und kann gar nicht wegsehen. Es ist sogar so aufregend, dass das Kind sich bald schon nicht mehr wohl fühlt. Deshalb braucht es nun ein wenig Hilfe.

Die **Mitteilung** des Kindes lautet: „Das ist so spannend, dass es mir schon furchtbar unangenehm ist. Aber ich kann einfach nicht wegschauen und abschalten."

Wie könnten Sie Ihrem Kind in dieser Situation helfen?

> Dies könnte so aussehen, das Püppchen für einige Zeit zu ent-
> fernen bis sich das Baby wieder beruhigt und seine Stimmung
> stabil bleibt.

Als nächstes bearbeiten Sie bitte Abbildung 3.15 und danach
Abbildung 3.16! Überdenken Sie wieder die drei Fragen:

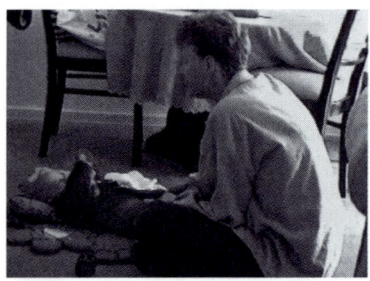

▲ Abb. 3.15

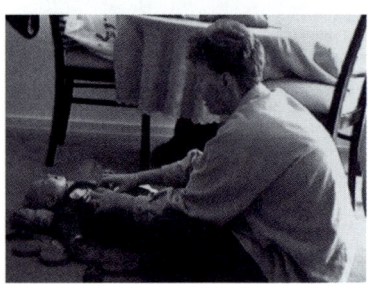

▲ Abb. 3.16

> 1. Wie geht es Ihrer Ansicht nach diesem Kind?
> 2. Welche Signale sendet es aus?
> 3. Wie lautet seine Mitteilung, übersetzt in Erwachsenenspra-
>   che?

Meine Sichtweise lautet:

Dieser drei Monate alte Junge fühlt sich überfordert und überlastet mit zu vielen Reizen, die für ihn eine hohe Anforderung bedeuten. Nun spricht sein ganzer Körper für ihn: er beugt sich zurück, bewegt sich hektisch, er spannt den ganzen Körper an. Abbildung 3.15 verdeutlicht die Abwehrbewegungen seiner Ärmchen. In Abb. 3.16 sehen wir etwas, das ich bereits erörtert hatte (vgl. Kapitel 3.2): Der Junge wendet seinen Blick ab, er weicht dem Blick der Mutter nach oben hin aus, überstreckt seinen Körper, als würde er zu flüchten versuchen. Am Ende ist er quengelig.

Durch sein Verhalten sagt er uns: „Lass mich doch endlich in Ruhe!"

Wie könnten Sie Ihr Kind in einer solchen Belastungssituation unterstützen?

Sie sollten jetzt für eine Pause sorgen, das Baby einfach bei sich selbst sein lassen, Abstand nehmen und Ihre eigenen Bemühungen zunächst einstellen. Beobachten Sie einfach, wie sich das Kind nun weiterhin verhält. Wenn wir an dieser Stelle mit den Versuchen, es zum Spielen zu motivieren, fortfahren, wird es sicher bald schreien.

Bevor Sie zum Lesen des nächsten Punktes übergehen, sollten Sie noch eine Sache bedenken:

Wenn ein Säugling unzufrieden ist oder schreit und dabei schwer zu beruhigen ist, glaubt man oft, man müsse ihn zur Beruhigung schaukeln. – Je mehr er schreit, umso stärker schaukeln –. Davon möchte ich jedoch abraten. Der Grund ist, dass das Schaukeln gleichfalls einen Reiz bedeutet, und zwar für das

Gleichgewichtsorgan des Kindes. Das Kind muss auch diesen mehr oder weniger starken Reiz verarbeiten. Das bedeutet aber, dass es sich dadurch in Wirklichkeit nicht beruhigen kann, sondern dass es sogar noch mehr Belastung aushalten muss. Auch Schaukeln kann eine Überstimulation bewirken. Reizdrosselung ist bei einem überforderten Baby sinnvoller. Das bedeutet, dass man alle Reize einstellt; das Schaukeln gehört unbedingt dazu. Sie könnten Ihr Kind allenfalls ganz sanft wiegen, um es zu beruhigen.

Vielleicht haben Sie nach diesen Beispielen den Eindruck, Sie müssten Ihr Baby fast immer vor den Reizen der Umgebung schützen und dürften kaum einmal mit ihm spielen, oder Sie müssten es von allem fern halten, was es anstrengen könnte. Dieser Eindruck kann leicht entstehen. In der Tat wird jedoch sehr häufig beobachtet, dass Babys oft keine oder zu wenig Pausen zugestanden werden, zumal die meisten Menschen der Überzeugung sind, dass mehr Stimulation mehr Förderung bedeutet. Und wer möchte sein Kind nicht fördern? Alle Eltern bemühen sich, ihm das Beste zu bieten. – Man weiß heute jedoch, dass Förderung ohne Beachtung der leicht übersehbaren kindlichen Signale eher das Gegenteil bewirkt und die Kinder unruhig macht. Deshalb betone ich so sehr die Ruhepausen. Dieser Gesichtspunkt wurde leider lange übersehen. Die Ruhepausen haben außerdem den Vorteil, dass Sie Ihr Baby besser kennen lernen können, wenn Sie es beobachten und seine Signale ergründen.

Lassen Sie mich noch mit einigen letzten Bemerkungen das Thema Schreien abschließen. Wie bereits erwähnt wird es nicht in allen Fällen möglich sein, Ihr Baby zu beruhigen, da Sie die Gründe seines Schreiens nicht herausfinden können, da es sich eingeschrieen hat etc. Was können Sie dann tun? – Für Ihr Baby ist es gut, wenn es in seiner unkontrollierbaren Erregung einen ruhenden Pol finden kann und nicht allein gelassen wird. Das Wichtigste ist nun: die eigene Ruhe bewahren, denn nur Ihre Ruhe kann Ihr Baby letztendlich „verwenden", um *sich* zu beruhigen. Sind Sie durch das Schreien bereits gereizt, unter Druck, gestresst und unruhig, dann wird Ihr Baby diese eher ungünstigen Schwingungen aufnehmen und weiter schreien. Zu seiner Unterstützung ist es in der Situation des unerklärlichen oder schwer stillbaren Schreiens auf Ruhe angewiesen, von wem auch immer sie kommen mag, da es sich an den feinen atmosphärischen Schwingungen, an Ihrem Muskeltonus, an Ihrem Geruch, an Ihrer Schweißsekretion, an Ihrer Haltung, an Ihrem Gesichtsausdruck und an Ihrer Erregung orientiert. Das bedeutet, dass es unter Umständen ungünstig ist, wenn Sie das Baby zu beruhigen versuchen. Es kann tatsächlich vorteilhafter sein, es dem Partner oder einer anderen anwesenden Person anzuvertrauen, um zunächst selbst gelassener werden zu können, sofern diese andere Person zuversichtlich und gefasst bleiben kann.

Wenn Sie allein mit Ihrem schreienden Baby sind, kann es vorkommen, dass das Schreien Sie so sehr belastet, dass Sie sogar den Wunsch verspüren, Ihrem Kind etwas anzutun. Dann ist es sinnvoll, das Baby für eine kurze Weile an einem sicheren Platz abzulegen, sich zu distanzieren, um sich von der Nervosität und Unsicherheit „herunterzuholen". Auf keinen Fall sollten Sie es schütteln oder aggressiven Impulsen nachgeben! Das könnte fatale Folgen für die Entwicklung Ihres Kindes haben. In diesem Fall tun Sie Ihrem Kind nichts Böses, wenn Sie es eine Zeitlang allein schreien lassen. Sobald Sie sich selbst gefangen haben, können Sie Ihrem Baby wieder beistehen. Vielleicht benötigen Sie jedoch selbst erst einmal Hilfe, indem Sie zum Beispiel Ihren Partner oder eine andere vertraute Person anrufen, um sich durch ein Gespräch zu entlasten. Vielleicht kann diese Person zu Ihnen nach Hause kommen, damit Sie und Ihr Baby für eine Zeitlang nicht allein sind.

Sollten Schreiprobleme Sie über einen längeren Zeitraum überwältigen, scheuen Sie sich nicht, eine der inzwischen auch in Deutschland zahlreichen Spezial-Ambulanzen und Beratungsstellen aufzusuchen, deren Adressen Sie uner www.gaimh.de finden. Dort erfahren Sie Verständnis und Erleichterung, und Ihre individuelle Situation wird betrachtet. Gemeinsam wird dann nach Lösungen gesucht. Für gewöhnlich sind nur sehr wenige Beratungen notwendig, und die Situation nimmt eine positive Wendung. Die Beratungsstellen vertreten einen präventiven Ansatz, das bedeutet, dass alle Eltern mit Babys kommen können, auch solche, bei denen noch keine manifesten Schwierigkeiten vorliegen, die sich lediglich unsicher im Umgang mit ihrem Baby fühlen oder einfach nur einige Fragen dazu haben.

Die Fähigkeit, das eigene Verhalten zu steuern

Unter *Selbstregulation* verstehen wir die eigenständige Beeinflussung des eigenen inneren Zustandes durch das Kind selbst. Das Ziel der Selbstregulation ist, die Erregung, die anfangs noch stark das Befinden des Säuglings prägt, auf ein Optimum einzustellen. Dies befähigt zur mehr oder weniger gezielten Steuerung des eigenen Verhaltens in Situationen, in denen sich entweder im Inneren des Kindes oder in seiner äußeren Umgebung etwas ändert.

Selbstregulation führt idealerweise zu Wohlbefinden. Ein optimaler innerer Erregungszustand gewährleistet wiederum optimale Wahrnehmungsverarbeitung und das Gelingen von Lernprozessen. Während das Kind schreit, befindet sich die Selbstregulation außer Kraft, und das Kind benötigt Regulationsunterstützung durch seine Eltern. Aber auch wenn das Baby unruhig ist, signalisiert es bereits das Bedürfnis nach Regulationsunterstützung.

In der ersten Zeit ist das Kind in dieser Hinsicht noch ausgesprochen abhängig vom Verhalten der Eltern. Sie übernehmen einen guten Teil der Regulation des Kindes. Doch es verfügt auch schon sehr früh über eigene Regulationsfähigkeiten. Ein Beispiel wurde bereits mit der Blickabwendung besprochen, die während der Unterhaltung mit den Bezugspersonen wiederholt auftritt. Sie dient der Erregungsdrosselung, wenn das Kind durch die aufregende und interessante gemeinsame Unterhaltung oder durch das Spiel ermüdet. Auch das Saugen am eigenen Daumen oder Händchen, was viele Neugeborene von

Anfang an tun, dient der Regulation. Man kann beobachten, dass Babys in Anforderungssituationen vermehrt darauf zurückgreifen und sollte dies auf keinen Fall zu unterbinden versuchen.

Eine weitere wichtige Funktion der Selbstregulation besteht darin, den Übergang vom Wachen zum Schlafen zu meistern (Schlaf-Wach-Regulation). Vielen Babys gelingt dies nicht von Anfang an, und sie benötigen die Hilfe der Eltern zum „Abschalten". Wenn die Eltern jedoch eine Zeitlang die Umweltreize zu den Einschlafzeiten drosseln, Licht- und Geräusche reduzieren, das Kind nicht übermäßig schaukeln, es auch nicht mehr zum Kontakt veranlassen, kann es lernen, einen eigenen „Abschalt-Mechanismus" zu entwickeln.

Ebenso geschieht die Regulation der Nahrungsaufnahme mit der Unterstützung der Eltern. Das Kind signalisiert normalerweise Hunger, und die Eltern nehmen dies wahr. Sie reagieren darauf, indem sie das Kind füttern. Das Baby saugt und schluckt die Nahrung, die es bekommt. Doch nicht allen Babys gelingt es von Anfang an optimal, ihre Nahrungsaufnahme zu steuern. Manche haben beispielsweise Schwierigkeiten damit, kräftige Saugbewegungen zu machen, und benötigen Unterstützung.

Bitte sehen Sie sich die nebenstehende Abbildung an und überlegen Sie:

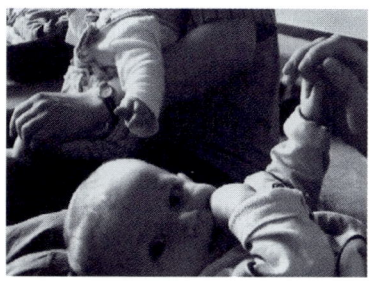

▲ Abb. 3.17

1. Wie geht es diesem Baby gerade?
2. Welche Signale sendet es, um sich mitzuteilen? Welche Ausdrucksweisen fallen Ihnen auf?
3. Was teilt es uns durch seine Körpersprache mit? Bitte übersetzen Sie seine Mitteilung in Erwachsenensprache.

Ich sehe es folgendermaßen:

Dieses Baby saugt an seinem Händchen. Das bedeutet, es versucht gerade, seine innere Erregung und Belastung zu reduzieren. Irgendetwas strengt es offenbar sehr an – oder alles ist einfach sehr aufregend. Kein Wunder, denn es befindet sich in einer Gruppe von Müttern mit Babys. Das bedeutet: Es hört viele, vielleicht laute, Geräusche, Stimmen, vielleicht das Schreien anderer Babys, es sieht viel Neues, und vermutlich riecht es unbekannte Gerüche – viele Reize, die zu bewältigen sind und die fordern. Die Atmosphäre ist einfach anders als im vertrauten Zuhause.

Seine **Mitteilung** können wir übersetzen als: „Die Umgebung ist sehr anstrengend für mich, von allen Seiten stürmen viele spannende und neue Dinge auf mich ein, die bei mir neue Empfindungen auslösen und mich in Unruhe versetzen."

Welche Reaktion von Seiten der Eltern wäre hier angebracht?

Das Kind sollte einfach saugen können, es kann auf diese Weise ruhig bleiben und im schlimmsten Fall sein Schreien so selbst verhindern. Manche Kinder tun dies schon während der Schwangerschaft, andere brauchen Monate lang nach ihrer Geburt, um diese Fähigkeit zu erlernen. Das Kind lernt, wie der Arm, die

Hand und die Finger zum Mund hin bewegt werden, und eine Zeitlang geht die Hand immer wieder am Mund vorbei. Das ist dann frustrierend. Sie als Eltern können es aber darin unterstützen, wenn Ihr Kind es noch nicht allein schafft, und ihm helfen, sein Däumchen zum Mund zu führen. Oft sind bei der Geburt die Nervenbahnen noch nicht ausgereift. Daher können Bewegungen noch nicht gezielt und abgestimmt gesteuert werden. Gezeigt zu bekommen, wie es gemacht wird, kann dann sehr hilfreich sein.

3.3 Zusammenfassung

Schon zum Zeitpunkt der Geburt verfügen Babys über vielfältige und vielschichtige Wahrnehmungsfähigkeiten sowie Fähigkeiten zum zwischenmenschlichen Kontakt. Sie können sehen, hören, riechen, schmecken, fühlen und sowohl Bewegung als auch innere Reize wahrnehmen.

Ihre angeborenen Fähigkeiten zum Kontakt versetzen sie in die Lage, sich mit ihren Bezugspersonen zu „unterhalten". Durch klare Signale bringen sie zum Ausdruck, ob sie bereit sind, sich zu unterhalten oder nicht, ob sie durch zu viele oder zu starke Reize überlastet, oder ob sie müde sind. Der Blickkontakt spielt hierbei eine besondere Rolle, denn durch das Blickverhalten signalisieren Säuglinge am deutlichsten ihre Interessen. Blickkontakt-Aufnahme und die Vorliebe für das menschliche Gesicht lösen bei Erwachsenen intensive liebevolle Zuwendung aus. So sind die frühen Wahrnehmungsfähigkeiten in einem umfassenderen Zusammenhang mit der Entwicklung einer Beziehung und eines Selbst zu sehen.

Durch ihren Gesichtsausdruck, ihre Körperhaltung, durch Nachahmung und Lautäußerungen drücken Babys ihr Befinden aus. Wenn das Kind schreit, ist dies als soziale Mitteilung zu verstehen und in den meisten Fällen durch die Unterstützung der Eltern zu beruhigen. Durch ihre Selbstregulationsfähigkeiten sind Säuglinge mehr oder weniger dazu in der Lage, ihre inneren Zustände auf ein optimales Maß einzustellen, durch das die Wahrnehmung und das Lernen am besten gelingen. Möglichkeiten der Selbstregulation sind z. B. den Blick abzuwenden oder am Daumen zu saugen. Nur wenn das Kind über eine ausreichende Selbstregulation verfügt, gelingt es ihm, selbstständig einzuschlafen oder problemlos Nahrung aufzunehmen.

Alle frühen Fähigkeiten von Säuglingen sind nach der Geburt weiterhin in Entwicklung begriffen. Sie erweitern sich und verfeinern sich und sind in ein umfassendes Entwicklungsgeschehen eingebettet. Sie sind mit den Bereichen der Beziehungs- und Selbstentwicklung verflochten, dem wir uns im nächsten Kapitel zuwenden wollen.

4 Reifung und Entwicklung innerhalb des ersten Lebensjahres

Im vierten Kapitel möchte ich Ihnen die derzeitige wissenschaftliche Auffassung über die frühen Entwicklungsvorgänge im Leben eines Kindes darlegen. Die vielschichtigen Veränderungen, die sich im Verlauf des ersten Lebensjahres vollziehen, sollen beschrieben werden. Für die Eltern und andere Erwachsene ist es eine spannende und bereichernde Erfahrung zu beobachten, wie sich das Baby verändert – mehr noch, wenn man um die dahinter stehenden Kräfte weiß.

Das Kapitel wird in mehrere verschiedene Sichtweisen zur frühkindlichen Entwicklung unterteilt. Um die einzelnen Unterpunkte dieses Kapitels in ihrer Vielschichtigkeit wirklich verständlich machen zu können, muss ich vorab etwas weiter ausholen. Es wird Ihnen zunächst vielleicht allzu theoretisch erscheinen. Auf dem Hintergrund des sehr umfassenden Entwicklungsgeschehens in der frühen Säuglingszeit ist dies aber begreiflich. Ich hatte schon an anderer Stelle (Kap. 2) zu verdeutlichen versucht, wie einzelne Schwerpunkte miteinander verwoben sind (z. B. Beziehungs- und Selbstentwicklung). Das soll jetzt ausführlicher geschehen.

Wenn Sie jedoch beim Lesen dieses Kapitels feststellen, dass Sie es aufgrund seiner „Theorielastigkeit" lieber überspringen möchten, werden Ihnen zum Verständnis der nächsten Kapitel keine wesentlichen Voraussetzungen fehlen.

4.1 Was bedeutet überhaupt Entwicklung?

Vor dem Einstieg in die bedeutendsten Entwicklungsprozesse der frühen Kindheit möchte ich Ihnen die wichtigsten Begriffe erklären, die ich verwenden werde. In erster Linie ist der Begriff der *Entwicklung* selber zu erläutern, von dem ich fortwährend rede. Was heißt überhaupt Entwicklung?

1. Eine Seite wurde schon hervorgehoben: dass es sich nämlich um vielschichtige, umfassende Vorgänge handelt. Wahrnehmung, (Selbst-)Bewusstsein, Intellekt, Sozialverhalten, Gefühle, Beziehung und Bindung sowie Persönlichkeit können zwar gesondert beschrieben werden. Diese seelischen Bereiche werden dadurch jedoch künstlich voneinander getrennt gehalten. Damit wird nicht berücksichtigt, dass sie sich (gerade in der frühen Kindheit) auch gegenseitig beeinflussen, ja sogar voneinander abhängig sind. Wenn sich in einem der Bereiche etwas ändert, bewirkt dies automatisch Änderungen in den anderen Bereichen. Folgendes Beispiel möge diese Zusammenhänge erhellen:

> Tritt das erste Lächeln auf, bewirkt dies eine Veränderung im Verhalten der Eltern: Ihnen geht das Herz auf, und so kommt es zum ausgeprägten Austausch angenehmer Gefühle mit dem Baby. Die Freude und liebevolle Zuwendung, die das Baby durch sein Verhalten bei den Eltern auslösen kann, beeinflussen die weitere Entwicklung der Eltern-Kind-Beziehung, die in die Bindungsentwicklung übergeht. Werden angenehme, positive Gefühle bei den Eltern angeregt, so erfährt das Kind Bestätigung, was für die Entwicklung seines Selbstbewusstseins grundlegend ist. Es erkennt: „Immer wenn ich meine Mama anlächle, ist sie ganz lieb zu mir, und dann haben wir eine angeregte Unterhaltung, bei der ich mich wohl fühle."

2. Die zunehmenden Bewegungsfähigkeiten des Säuglings lösen in der frühen Kindheit Entwicklungsvorgänge aus. Sie führen zu einer anderen Sicht auf die Welt, und diese neue Erfahrung verursacht Aufregung und Spannung in der Seele des Kindes. – Eine neue Herausforderung. Dadurch können erstmals ganz spezielle, eindeutige Gefühle auftreten, die sich im Laufe des ersten Lebensjahres entfalten. Ich komme darauf bald zurück. Beim Krabbeln oder im Stand sehen die Dinge und die Eltern einfach anders aus als in der Rückenlage. Der Bezug zu ihnen hat sich geändert. Außerdem nimmt das Bedürfnis, selbst etwas in oder mit seiner Umwelt bewir-

ken zu können (Selbstwirksamkeit) zu. Der Säugling will seine neuen Fähigkeiten (z. B. Krabbeln) üben. Er will alles ausprobieren, was ihm möglich ist. Sich selbst als wirksam zu erleben geht mit dem Gefühl der Freude einher. Für die Eltern eines Babys bedeutet dies, sich immer wieder neu einzustellen auf ihr Kind, aufmerksam zu sein für Veränderungen in seinem Verhalten und in der Beziehung zu ihm sowie eine Bereitschaft aufzubringen, diese geschehen zu lassen. Das bedeutet auch, wiederholt Abschied zu nehmen, denn Entwicklungen in der ersten Zeit verlaufen rasant. Es kann sein, dass dies nicht so leicht fällt. Das ist legitim und menschlich. Insbesondere wenn in einem oder mehreren anderen Lebensbereichen ein Problem zu bewältigen ist, kann die Aufmerksamkeit eingeschränkt sein und die Bereitschaft, Neues zuzulassen gering.

3. Entwicklung kann als Entfaltung verstanden werden. Wie sich bei der Öffnung einer Blüte Blatt für Blatt entfaltet, werden fortwährend immer wieder neue Fähigkeiten „frei gelegt". Neurobiologische Reifung und Erfahrung beeinflussen sich hierbei wechselseitig. Es finden keine sprunghaften Übergänge von Stufe zu Stufe statt, wie wenn man einfach nur einen großen Schritt machen würde. Lange Zeit ist man von einer stufenartigen Entwicklung ausgegangen. Übergänge verlaufen hingegen langwierig und beständig. Nachdem ein Übergang vollendet ist, beginnt sich der nächste bereits anzubahnen – zunächst unmerklich. Die Entwicklung stoppt nicht, wenn ein Ziel erreicht ist. Reift eine neue Fähigkeit heran, so wächst auch das Bedürfnis, sie anzuwenden. Durch Üben wird sie dauernd verbessert. Viel später erscheint sie in einem umfassenderen Zusammenhang als Teilfähigkeit einer schwierigeren Tätigkeit. Die frühe Entwicklung führt von sehr einfachen Ursache-Wirkungs-Erkenntnissen über zunehmend umfassendere Fähigkeiten bis hin zu geistigen Erkenntnissen. Zwischen den einzelnen Zeitabschnitten gibt es keine klare Grenze, alles geht ineinander über. Am Beispiel des Greifens möchte ich Ihnen dies erklären:

Das Neugeborene kommt mit einem Greifreflex zur Welt. Nach einiger Zeit macht es durch Zufall die Erfahrung, dass es einen Gegenstand durch bestimmte Arm-, Hand- und Fingerbewegungen festhalten oder fallen lassen kann. Nun beginnt es gezielt, diese interessante Erscheinung wiederholt hervorzurufen, indem es aktiv versucht, nach Gegenständen zu greifen. Dies gelingt jedoch nicht sofort, da zunächst noch weitere Fähigkeiten (z. B. Zusammenarbeit einzelner Gliedmaßen) eingeübt werden müssen. Arm-, Hand- und Fingerbewegungen müssen an unterschiedliche Gegenstände angepasst werden. Durch unentwegtes Üben und angemessene Unterstützung sammeln sich zahlreiche Erfahrungen an, die die Greifbewegungen perfektionieren.

Neben dem Greifen an sich macht ein Baby dabei viele Sinneserfahrungen mit verschiedenen Dingen: Es sieht, hört, riecht, tastet, schmeckt die Dinge und erfährt etwas über ihre Masse, über ihr Gewicht, und wie sie sich beim Herunterfallen verhalten. Darüber hinaus erlebt es dabei Erregung und wie sich seine Eltern beim Spiel fühlen und verhalten. Wir sehen auch hier die Einbettung der Entwicklung in das Beziehungsgeschehen. Das Kind erlebt Vergnügen oder Freude, dass es zum Beispiel mit einem farbigen Ring spielen kann. Alle diese scheinbar nebensächlichen Wahrnehmungen werden mit der Greifbewegung zusammengefügt.

Die Greifbewegung wird im so genannten prozeduralen Gedächtnis gespeichert. Das ist der Bereich des Gedächtnisses, in dem Handlungsverläufe (= Prozeduren) gespeichert werden. Auf diese Weise kommt es zur allmählichen Entwicklung einer Vorstellung von verschiedenen Dingen und Handlungen. Die Dinge werden auch bewertet. Dabei spielt die begleitende soziale und seelische Erfahrung (z. B. die Gefühle, die mit der Bezugsperson während eines gemeinsamen Spiels mit einem Gegenstand erlebt werden) eine entscheidende Rolle. Man kann sich leicht vorstellen, dass Gegenstände, mit denen eine gute Stimmung verbunden wird, beim Kind beliebter sind als solche, die es in Begleitung von unangenehmen Gefühlen kennen gelernt hat.

Die Greifbewegung verändert sich durch Üben und die entsprechenden Reifungsprozesse (von Nervenbahnen und Muskelgruppen) unentwegt über einen längeren Zeitraum hinweg. Sie ist irgendwann mit der ursprünglichen Bewegung nicht mehr vergleichbar. Mehr und mehr geht auch ein Bewusstsein über die Dinge, wie sie sind, in die Greifbewegungen ein. So können Gegenstände allmählich im geistigen Sinne „begriffen" werden. Irgendwann erscheint das Greifen als eine von vielen unentbehrlichen Teilfähigkeiten einer übergeordneten Handlung, z. B. bei der Reparatur eines Gegenstandes.

Was sich entwickelt hat und was als Erfahrung „abgespeichert" wurde, wird immer wieder neu überarbeitet. Entwicklung heißt eigentlich „Umwandlung" (Transformation) von etwas Bestehendem, die permanent stattfindet. Dieser Gesichtspunkt wird im nächsten Abschnitt noch vertieft dargestellt.

4.2 Wie Babys lernen, das eigene Befinden selbst zu steuern

Im ersten Lebensjahr kann man insgesamt zwei erkennbare, umfassende Entwicklungsübergänge unterscheiden. Diese sollen in den nun folgenden Abschnitten erläutert werden. Ich spreche von verschiedenen Entwicklungsebenen (in der Fachsprache: Organisationsniveaus) und meine damit die Anordnung der Erfahrungen im Bewusstsein eines Kindes. Im Begriff des Organisationsniveaus kommt jedoch noch mehr zum Ausdruck: nämlich dass die Erfahrungen in jedem Entwicklungsübergang immer wieder neu geordnet werden – so wie es auch später im Leben noch häufiger vorkommt, dann allerdings in wesentlich größeren Zeitabschnitten. Lassen Sie mich unter diesem Punkt zusammenfassen, wie die kindliche Welt in Abhängigkeit von verschiedenen Entwicklungsebenen im ersten Lebensjahr zu verstehen ist.

Vorab ist es jedoch erforderlich, einen weiteren Begriff zu klären: Verhaltensregulation – Was ist damit gemeint?

Im 2. Kapitel hatte ich einen verwandten Begriff schon vorweggenommen: die Selbstregulation des Säuglings. Sie ist die

Voraussetzung dafür, dass er sein eigenes Verhalten steuern kann. Ein Baby, das über Möglichkeiten verfügt, seine innere Erregung selbst so zu beeinflussen, dass es sich in seinem Körper wohl fühlt, kann sich selbst gut regulieren und gezielt Bewegungen und andere Arten der Körpersprache einsetzen, um sich mitzuteilen. Wichtig sind hierbei Abläufe im zentralen Nervensystem. Bei einer guten Selbstregulation können Babys innerhalb der ersten sechs Lebensmonate einen Tag-Nacht-Rhythmus ausbilden. Sie sind in der Lage, zu den Schlafenszeiten ihre innere Spannung so zu drosseln, dass sie in Kürze einschlafen. Und auch wenn sie tagsüber müde werden, können sie vom Wachzustand relativ leicht in den Schlaf hinüber wechseln. Im Hinblick auf die Nahrungsaufnahme signalisieren sie Hunger- sowie Sättigungssignale und können ihre Nahrung gut schlucken und verdauen. Wenn sie sich erregen – sei es, dass sie mit starken Reizeinflüssen konfrontiert sind, mit Umgebungsveränderungen, neuen Personen oder mit einer Entbehrungssituation – lutschen sie am Däumchen und drosseln ebenfalls mit Hilfe des besagten Mechanismus ihre Erregung und Unlust. Natürlich ist auch bei „gut regulierten Säuglingen" irgendwann eine Grenze erreicht. Sie sind nicht unendlich belastbar. Doch sie beruhigen sich relativ schnell, wenn man sie hochnimmt oder feinfühlig auf sie reagiert. Vieles gelingt bei Babys mit guten Voraussetzungen von Anfang an eigenständig und ohne dass erst eine Steuerungsfähigkeit gelernt werden muss.

Die Fähigkeit zur Steuerung der eigenen Zustände (Aufmerksamkeit, Schlafen, Wachen, Nahrungsaufnahme) müssen sich viele Säuglinge in den ersten Lebenswochen erwerben. Erst wenn sie dazu in der Lage sind, ihre Bewegungsabläufe und vegetativen Vorgänge zu steuern, können sie auch regulieren, ob und wann sie Informationen aus der Umwelt aufnehmen und auf diese reagieren. Sie können dann durch ihr Verhalten mehr oder weniger deutlich zeigen, ob sie für eine Unterhaltung, ein Spiel bereit sind oder nicht. Eine nicht zu unterschätzende Anforderung in der ersten Zeit des Lebens.

Babys mit Schwierigkeiten in ihrer Selbstregulation können in allen genannten Bereichen Schwächen aufweisen. Sie sind in der Regel leicht erregbar und können sich meist selbst weniger gut beruhigen. Wenn sie einmal schreien, ist es auch für die Eltern sehr schwierig, sie zu beruhigen. Hier sei wieder an ihr Temperament erinnert, das im nächsten Kapitel noch eingehend dargestellt wird.

Die Fähigkeit der Selbstregulation hat Auswirkungen auf alle Verhaltensbereiche, auch auf das Verhalten während eines Spiels oder einer Unterhaltung. Alle Neugeborenen und Säuglinge benötigen noch Unterstützung für ihre Entwicklung. Dies übernehmen zunächst die Eltern, dann werden die Regulationsbemühungen der Eltern (insbesondere Beruhigung) schließlich vom Kind verinnerlicht und entwickeln sich zu seinen eigenen Fähigkeiten. Verinnerlichung bedeutet, das Kind hat eine Vorstellung davon ausgebildet, auf die es nun eigenständig zugreifen kann. Deshalb ist es in der ersten Zeit so wichtig, dass die Eltern auf ein Baby reagieren können.

Die soziale Geburt eines Kindes – der erste Entwicklungsübergang

Dieser Abschnitt erstreckt sich von der Geburt über etwa die ersten zwei bis drei Lebensmonate. Anhand der seelischen Bereiche Wahrnehmung, Sozialverhalten, Bewusstsein und Gefühle werde ich ihn beschreiben.

Wahrnehmung: Die vielfältigen Wahrnehmungsfähigkeiten von Neugeborenen wurden im dritten Kapitel beschrieben. Der Erfahrungsspielraum eines Babys vergrößert sich fortwährend. Hierbei ist von entscheidender Bedeutung, dass die Entwicklung nicht nach dem Motto „Je mehr Input, desto mehr Fähigkeiten" funktioniert. Oftmals glaubt man, man könnte sein Kind fördern, indem man ihm möglichst viel Kinderspielzeug anbietet. So wird es ständig mit neuen Reizen belastet. Häufig wird darüber vergessen, dass das Wahrnehmen und die Wahrnehmungsverarbeitung eines Babys gleichzusetzen ist mit den Arbeitsleistungen der Erwachsenen: Sie fordern Energie und strengen an, zumal sie noch nicht automatisiert und nebenbei ablaufen. Daher ist zu bedenken: Nur wenn die Wahrnehmungserfahrungen eingebettet sind in einen sensiblen Umgang mit dem Säugling, können sie uneingeschränkt verarbeitet werden. Verhalten sich die Eltern angemessen, verkleinert sich beim Säugling die Spannung, die durch Wahrnehmungen entsteht.

Das bedeutet, dass Eltern die Selbstregulation ihres Babys unterstützen können, wenn sie feinfühlig seine Signale wahrnehmen und verstehen. Die Signale des Kindes sind für die Betreuungsperson ausschlaggebend: Hat es gerade Interesse an einem Spielzeug, an einer Unterhaltung usw. oder nicht? Braucht es wirklich schon wieder etwas Neues, oder betrachtet es noch aufmerksam einen Gegenstand, der ihm bereits längere Zeit gezeigt wird? Das Kind ist in der Lage dazu, selbst zu entscheiden und seinen Bezugspersonen zu zeigen, wieviel Reize und Abwechslung es möchte. Jedes Kind hat dabei seine eigene Grenze, seinen individuellen Rhythmus und sein individuelles Tempo. Mit der Bewegung der Augen und des Kopfes verraten Säuglinge, wie wir gesehen haben, was sie interessiert. Mehr darüber haben Sie schon im dritten Kapitel erfahren.

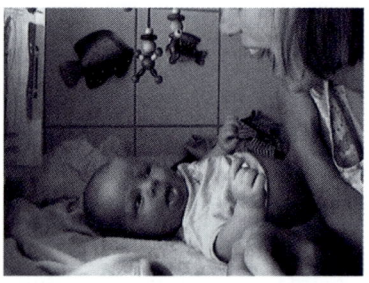

▲ Abb. 4.1: Im Blickkontakt mit der Mutter ahmt das Baby ihre Mundbewegungen und Laute nach.

In der ersten Zeit besteht das größte Interesse des Säuglings am Gesicht der Eltern und an ihren Stimmen. Gegenstände werden erst später interessant, etwa nach zwei bis drei Monaten. Die

Vorliebe für Gesichter und Stimmen führt dazu, dass sich zunächst einmal eine Beziehung entwickeln kann, die später – bei zunehmendem Interesse an der Umwelt – als „sichere Basis" dient (vgl. Kapitel 3.3).

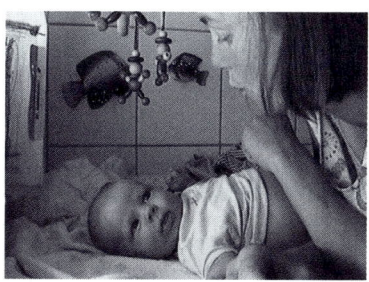

▲ Abb. 4.2: Jetzt ist das Mobile interessanter.

Sozialverhalten: Wahrnehmungs- und Gedächtnisentwicklung werden in der ersten Zeit noch relativ stark von den organischen Reifungsvorgängen des Nervensystems beeinflusst. In der Zeit etwa um den dritten Lebensmonat herum führt die Reifung zu auffallenden Veränderungen des Kindes. Den neuen Entwicklungszustand kann man eindrücklich im kindlichen Sozialverhalten erkennen. Der Säugling kann nun seine Kopfhaltung selbst kontrollieren, da seine Hals-Nacken-Muskulatur ausreichend gereift ist. Hierdurch und durch die Reifung des Seh- und Blick-Systems vermag er nun sein Blickverhalten zu steuern und gezielter einzusetzen, um mit seinen Bezugspersonen Kontakt aufzunehmen oder ihnen etwas mitzuteilen. Außerdem kommt es in diesem Zeitraum zum so genannten sozialen Lächeln, nachdem Lächeln vorher nur als Reflex möglich war („Engelslächeln"). Die Verhaltensregulation des Babys hat sich verändert. Die Eltern haben dabei den Eindruck, das Kind sei wacher, ansprechbarer und erkenne sie. Sie können plötzlich viel mehr mit ihm anfangen und fühlen sich stärker im Kontakt mit ihm. Sie empfinden die neuen Verhaltensweisen des Babys wie eine Belohnung für ihre Bemühungen der ersten Monate. Dadurch ändern auch sie ihr Verhalten dem Kind gegenüber und setzen damit wiederum erneut Entwicklungsanreize für ihr Baby.

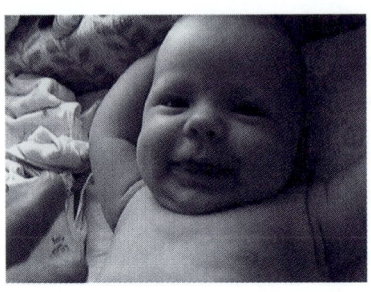

▲ Abb. 4.3: Vergnügtes Lächeln eines vier Wochen alten Babys

Die beidseitigen Verhaltensänderungen verbessern in der Regel den Kontakt und die gegenseitige Anpassung. Man versteht sich nun einfach besser, nachdem man sich kennen gelernt hat. Im Grunde genommen sind dies schon erste kleine Schritte, über die Stabilisierung der Bindung und der Beziehung, hin zur späteren Selbstständigkeit des Kindes. Auch das übermäßige Schreien eines Babys kann zu diesem Zeitpunkt zurückgehen. Wegen der zunehmenden Reifung seiner Nervenbahnen kann es sich den Eltern gegenüber deutlicher ausdrücken, und diese können sich nun besser in ihr Kind einfühlen, was adäquatere Reaktionen ermöglicht.

Bewusstsein: In dem etwa zwei Monate alten Säugling geht jedoch weit mehr vor als er durch sein beobachtbares Verhalten zeigt. Neben zahlreichen körperlichen Änderungen (insbesondere des Nervensystems) kommt es auch zu einer veränderten Selbstwahrnehmung des Kindes. Es werden verschiedene Stufen des Selbstempfindens in den ersten beiden Lebensjahren beschrieben. Eine Wahrnehmung des eigenen Selbst (Selbstempfinden) ist bei Säuglingen aller Wahrscheinlichkeit nach von Geburt an vorhanden, auch wenn diese in der ersten Zeit noch im „Auftauchen" (Stern 2000, 50) begriffen ist. Vermutlich hat der Säugling am Anfang noch keine vollständige Wahrnehmung von sich selbst. Doch man kann beobachten, dass er seine einzelnen unverbundenen Erlebnisse und Wahrnehmungen in einen Gesamtzusammenhang zu ordnen versucht. Er unterscheidet von Anfang an Neues von Vertrautem, stellt Zusammenhänge her und ist bestrebt, seine Erfahrungen

zu einer eigenen, einzigartigen Sicht auf die Welt zusammen-
zuführen.

Die erwähnten Veränderungen, die den Eltern eines etwa
zwei Monate alten Babys auffallen, hängen unter anderem mit
seinem veränderten Selbstempfinden zusammen. Gleichzeitig
führt das neue Selbstempfinden seinerseits zu Veränderungen.
Die Errungenschaft der neuen Entwicklungsphase besteht
darin, das eigene Selbst zunehmend als unterschieden und getrennt vom anderen zu erleben. Voraussetzung dafür ist zunächst einmal die Wahrnehmung des eigenen Körpers. Durch
Beobachtung konnte festgestellt werden, dass in dem hier beschriebenen Entwicklungsstadium die Wahrnehmung des eigenen Körpers, sowohl von innen als auch von außen her, für einen
Säugling möglich ist. Er kann seine Muskelspannung, die Stel-
lung der Gelenke zueinander, körperliche Bedürfnisse (Hunger,
Durst, Schlafbedürfnis) und Empfindungen wie Berührungen
oder Schmerz ohne Weiteres spüren. Diese Begriffe beziehen
sich auf die Innenwahrnehmung. Als Außenwahrnehmung wird
das Sehen der eigenen Körperteile bezeichnet, das Hören der
eigenen Stimme, das Tasten der eigenen Körperoberfläche, das
Fühlen der Körpertemperatur sowie das Riechen des eigenen
Körpers. Innen- und Außenwahrnehmung können darüber hinaus zu einer ganzheitlichen Wahrnehmung gekoppelt werden.
Das Ergebnis dieser Verbindung verschiedener Wahrnehmungen
ist die körperliche Seite der Selbstwahrnehmung.

Wenn ein Kind sieht, wie sich eines seiner eigenen Körperteile bewegt, hat es zugleich eine Innen- und eine Außenwahrnehmung. So wird die ausgiebige Beschäftigung vieler Säuglinge
mit ihrem eigenen Körper verständlich: z. B. wenn sie ihre eigenen Händchen und Füßchen (gleichzeitig) betrachten und bewegen oder Laute erzeugen, während sie allein im Bettchen liegen. Später zupfen sie auch an ihren verschiedenen Gliedmaßen
oder Haaren, untersuchen Gegenstände mit dem Mund und
klatschen sich auf den Bauch und auf die eigenen Oberschen-
kel. Erwachsenen erscheint solches Verhalten amüsant. Für die
Kleinen ist es interessant, da sie dabei immer wieder neue Wahrnehmungserfahrungen machen und diese miteinander verknüp-

fen. Beobachten Sie Ihr Kind bei seinen Experimenten mit sich selbst. Sie können an bedeutsamen Erkenntnisprozessen teilnehmen.

Der Beginn des Körperselbst liegt nach Forschungsergebnissen in der Zeit um den zweiten bis dritten Lebensmonat. Ein erhöhtes Selbstbewusstsein des Säuglings fällt anderen durch sein verändertes Selbstgefühl auf. Die Eltern haben dann den Eindruck, vom Kind erstmals als Person wahrgenommen zu werden. Dazu kommt es, wenn die Kinder in der Lage sind, den eigenen Körper zu empfinden und so das eigene Selbst von dem des Gegenübers besser unterscheiden können.

Gefühle: Säuglinge sind jedoch weiterhin sehr leicht „ansteckbar", was ihr inneres Befinden betrifft. Sie verfügen noch nicht im Ausmaß eines Erwachsenen über innere Grenzempfindungen. Eltern erleben es beispielsweise häufig, dass ihre Säuglinge unruhig werden, wenn sie selbst nervös sind. Das heißt, Babys passen sich sehr feinfühlig an die leisesten inneren Regungen ihrer Betreuungspersonen an – häufig sogar an solche, die ihnen selbst nicht bewusst sind. Die inneren Grenzen werden erst allmählich im Verlauf der Entwicklung aufgebaut und setzen Erfahrungen der Bestätigung und Spiegelung voraus.

Von Geburt an sind unterschiedliche Gefühle, insbesondere am Gesichtsausdruck eines Babys, zu erkennen: Vergnügen, Interesse, Ekel und Überraschung. Mit etwa sechs Wochen kommt Freude hinzu, und mit drei bis vier Monaten Trauer sowie Ärger. Mit sechs bis acht Monaten tritt erstmals Furcht auf. Von Gefühlen in einem Sinne wie wir sie als Erwachsene kennen, kann jedoch in dieser Zeit noch nicht gesprochen werden. Denn durch die fortwährenden Umwandlungsvorgänge verändern sich im Laufe der Jahre Empfindungen und Gefühle beträchtlich. In der Forschung ist man sich übrigens recht uneinig über die Entwicklungsabfolge der genannten Gefühle.

Zwischen den ausführlichen theoretischen Ausführungen möchte ich Ihnen nun mit zwei kleinen praktischen Aufgaben etwas Abwechslung bieten.

Betrachten Sie bitte die nebenstehende Abbildung!

▲ Abb. 4.4

1. Wie geht es diesem vier Wochen alten Baby?
2. Wie äußert es sein Befinden, welche Signale sendet es aus? Welche Empfindungen drückt es durch seinen Gesichtsausdruck aus? (Ahmen Sie bitte seinen Gesichtsausdruck nach, um besser spüren zu können, was er bedeutet!)
3. Wie lautet seine Mitteilung?

Bitte halten Sie mit dem Lesen so lange inne, bis Sie jede Frage komplett beantwortet haben.

Meine Antworten lauten:

Auf diesem Bild sehen wir die herabgezogene Mimik eines Säuglings, die seine verdrießliche Stimmung signalisiert. Etwas ist zu wenig oder zuviel für ihn.

Seine **Mitteilung** an uns lautet: „Mir geht es jetzt gar nicht mehr gut."

Die Gründe können wir nur durch Berücksichtigung der Umgebungsbedingungen und der Situation genau verstehen. Der Gesichtsausdruck an sich gibt noch keinen Aufschluss darüber.

Was könnte das Baby zufriedener machen?

> Man könnte Hunger vermuten. Durch Hunger kann ein Baby natürlich sehr schnell verdrießlich und am Ende seiner Kräfte sein. Dann braucht es Nahrung und sollte gefüttert werden.
>
> Fühlen sich Babys in diesem Alter unwohl, liegt es jedoch oftmals daran, dass ihre Wahrnehmung aufgrund von zuviel Umweltreizen und Kontakt überfordert ist. Dann ist es am besten, für Ruhe und Pausen zu sorgen, so lange bis das Baby wieder durch Blickzuwendung oder eine freundliche Mimik zeigt, dass es neues Interesse am Kontakt hat.

Betrachten Sie jetzt Abbildung 4.5! Hier die zu bearbeitenden Fragen:

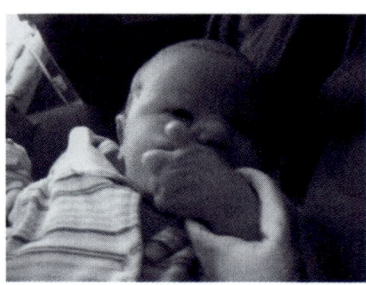

▲ Abb. 4.5

1. Wie geht es diesem Baby gerade?
2. Wie äußert es sein Befinden, welche Signale sendet es aus?
3. Wie lautet seine Mitteilung?

Lesen Sie nun meine Antworten:

In Abbildung 4.5 sehen wir einen wenige Monate alten Säugling, der an seinen Fingern saugt. Er wirkt insgesamt recht entspannt und gut gelaunt. Dies kann man an seiner ganzen Körperhaltung, die recht locker ist, und an seinem Gesichtsausdruck erkennen. Er ist zwar ernst, jedoch nicht verdrießlich oder verschlossen.

Wie Sie bereits gelesen haben, bedeutet das Saugen an den eigenen Fingern, dass das Kind versucht, seine Aufregung in den Griff zu bekommen. Wir sehen, dass die Augen auf etwas gerichtet sind und etwas fixieren. Vermutlich ist das Kind davon ganz gefesselt und findet es sehr spannend.

Seine **Mitteilung** in Erwachsenensprache könnte lauten: „Was ich da gerade beobachte, ist ziemlich aufregend. Noch mehr Stimulation könnte für mich kritisch werden. Etwas Entspannenderes wäre zwischendurch sehr angenehm."

„Ausschlüpfen" – der zweite Entwicklungsübergang im ersten Lebensjahr

Objektpermanenz: Bitte lassen Sie sich durch dieses Wort nicht erschrecken. Mit diesem schwer verständlichen Ausdruck ist Folgendes gemeint: In der ersten Hälfte des ersten Lebensjahres existiert ein Gegenstand für einen Säugling nicht mehr, sobald er aus seinem Gesichtsfeld verschwunden ist. Der Grund dafür liegt darin, dass geistig erst noch Gegenstandsklassen (Kategorien) gebildet werden müssen, in die der entsprechende Gegenstand eingeordnet werden kann. Voraussetzung hierfür sind Erfahrungen und Lernvorgänge. Die Kategorienbildung, die mit der Entwicklung eines Gedächtnisses einhergeht, ist sowohl an Sinneserfahrungen als auch an die organische Gehirnreifung geknüpft. Mit etwa sechs bis acht Monaten ist es für ein Baby in der Regel möglich, sich an einen Gegenstand zu erinnern. Zunächst gelingt dies nur über eine kurze Zeit. Mit acht Monaten sucht es erstmals aktiv nach einem Ding, das aus dem Sichtfeld verschwunden ist. Wenn man einem Kind in diesem Alter einen Gegenstand zeigt und ihn danach mit einem Tuch bedeckt, versucht das Kind, das Tuch zu entfernen und so den Gegenstand wiederzufinden. Jüngere Kinder suchen nicht nach dem Gegenstand – nach dem Motto: „Aus den Augen, aus dem Sinn." Sie verfügen noch nicht über Objektpermanenz; ein Gegenstand ist nicht permanent vorhanden. Objektpermanenz bedeutet, der Säugling hat eine Vorstellung von etwas entwickelt und diese im Gedächtnis gespeichert. Ab etwa zwölf Monaten wird ein Ding, das aus dem Sichtfeld verschwunden ist, mitsamt seinen einzelnen äußeren Merkmalen längerfristig erinnert.

Personkonstanz: Auch dieses Wort klingt zunächst einmal schrecklich kunstvoll. Es wird für den folgenden Sachverhalt verwendet: Mit der Erfahrung, dass Dinge erhalten bleiben, auch wenn man sie nicht mehr sieht, können Kinder auch zunehmend Unterscheidungen zwischen verschiedenen Dingen und Personen treffen. In diesem Zusammenhang entsteht das so genannte Fremdeln oder auch die „Achtmonatsangst": Der Anblick einer fremden Person lässt im Kind das Bewusstsein dafür wachsen, dass sie nicht die Mutter ist. Dies löst wiederum das Verlangen nach der Mutter aus. Das Kind will sich ihrer versichern, da sie seine existentielle Basis ist. So ist es zu verstehen, dass es in Situationen mit Fremden sehr verunsichert oder gar ängstlich oder scheu wirkt. Ein bisher freundliches und an allen Personen interessiertes Kind verhält sich dann zur Verwunderung seiner Familie (scheinbar plötzlich) sehr ungewohnt: Es wendet sich vom Fremden ab, will sich zurückziehen oder weint gar. Es benötigt dann die Rückversicherung, z. B. im Blickkontakt, dass es bei der Mutter sein kann oder dass diese zumindest in der Nähe ist. Viele Kinder wenden sich dann auf dem Arm ihrer Mutter dem Fremden wieder mit großem Interesse zu, sie lächeln dann auch wieder, denn grundsätzlich ist die Neugier nicht verschwunden. Ich komme beim Thema „Bindungsentwicklung" noch einmal darauf zurück: Durch die Sicherheit, die die Mutter vermittelt, können Kinder vertrauensvoll ihre Umgebung erkunden.

Damit auch die verschiedenen Reichweiten der Selbstwahrnehmung (körperliche und seelische) gemeinsam als eine Einheit wahrgenommen werden können, ist das Erinnern notwendig. Der Säugling hat nun auch eine Vorstellung vom eigenen Selbst gebildet, die er mit fortschreitender Entwicklung „überdenken" kann.

Gegen Ende des ersten Lebensjahres können Kinder die unterschiedlichen Selbstwahrnehmungen zusammenfassen. Dann beginnen sie, Wissen über ihr Selbst aufzubauen, genauso wie sie die Welt der Dinge begreifen.

Bewusstsein: Diese Erfahrungen führen etwa im letzten Drittel des ersten Lebensjahres zu einer zweiten Neu-Organisation des kindlichen Bewusstseins. Durch Objektpermanenz sowie Person- und Selbstkonstanz begreifen sich die Kinder vermehrt als von anderen getrennt. Erst hierdurch können intensivere Phasen des Miteinanders erlebt werden. Je mehr das eigene Selbst als getrennt von der Umwelt erlebt wird, umso intensiver sind Verschmelzungserfahrungen möglich. Die Erfahrung von Gemeinsamkeit mit einem anderen geht allmählich über in die Fähigkeit der Einfühlung – eine Entwicklung, die etwa in der Mitte des zweiten Lebensjahres erreicht wird, wenn auch Vorläufer, wie wir gesehen haben, bereits im ersten Lebensjahr vorhanden sind. Je besser es einem Kind gelingt, sich selbst von anderen zu unterscheiden und sich als getrennt zu erleben, umso leichter wird es ihm fallen, sich in eine andere Person einzufühlen.

Auch bei weiteren Entwicklungsübergängen im Lebenszyklus geht es darum, immer mehr die eigene Individualität zu entfalten. Das bedeutet, zunehmend Getrenntheitserlebnisse auszuhalten, aber auch ein größeres Maß an Selbstregulation zu erreichen.

Gefühle: Heute gehen viele Theoretiker davon aus, dass ein Säugling von Anfang an eine Palette unterschiedlicher Gefühle spürt. Man würde allerdings zu einem sehr frühen Zeitpunkt noch nicht von Gefühlen beim Säugling sprechen. Bei seinen Empfindungen handelt es sich eher um verschiedene Erregungsausmaße auf der Achse Wohlsein bis Unwohlsein, die sich in der weiteren Entwicklung bald entfalten. Es wird jedoch angenommen, dass bestimmte Anteile einer Gefühlsempfindung und die damit einhergehende Aktivität des autonomen Nervensystems über die Lebensspanne hinweg verhältnismäßig unveränderlich bleiben. Die Freude eines jungen Säuglings gleich derjenigen eines Erwachsenen also immer noch. Dennoch ist von beachtenswerten Wandlungen im Gefühlserleben auszugehen, die in den ersten Lebensjahren auf dem Erwerb so genannter Ich-Funktionen und einer Symbolisierungsfähigkeit (Fähigkeit, Vorstellungen und innere Bilder zu schaffen) beruhen. Zu den Ich-Funktionen zählt man Realitätskontrolle, Abwehrmechanismen, Empathie, Wahrnehmung, Gedächtnis, Denken, Selbstregulation, Selbstgefühl, Beziehungsregulation – also alles, was unser Bewusstsein zum Bestreiten des Alltags und zur Problemlösung aufzubieten hat. Die Ich-Funktionen spielen bei der Deutung von Ereignissen eine Rolle. Sie hängen wiederum wesentlich davon ab, wie die Bezugspersonen mit dem Säugling umgehen. Beeinflusst werden sie auch davon, wie dieser Umgang mit seinen individuellen Voraussetzungen zusammenwirkt.

Wann erlebt das Kind erstmals Gefühle, die denen von älteren Kindern und von Erwachsenen etwas ähnlicher sind? Dies wird im allgemeinen in einem Zeitraum etwa um den neunten Lebensmonat vermutet. Zu diesem Zeitpunkt ist die geistige Entwicklung des Säuglings so weit fortgeschritten, dass er Klassen von Dingen und Ereignissen bilden kann. Aufgrund wiederholter Erfahrungen mit diesen weist er ihnen nun eine bestimmte Bedeutung zu. Diese Vorgänge sind als Vorläufer des Denkens zu verstehen. Die Wahrnehmung innerer Empfindungen verändert sich durch sie.

Während Empfindungen am Anfang noch durch Sinneseindrücke ausgelöst werden, sind es später die Verbindungen zwischen Ereignis (bzw. Gegenstand) und Erfahrung, die eingefügt wurden, welche nun Empfindungen oder Gefühle auslösen.

4.3 Wie sich die Bindung zwischen Eltern und Kind entwickelt

Der Begriff der Bindung hat in den vergangenen Jahren sehr große Bedeutung gewonnen. Die Bindungsforschung hat sich als eine eigene wissenschaftliche Disziplin im Bereich der Entwicklungspsychologie etabliert. In den folgenden Abschnitten werde ich Ihnen einen Einblick in den gegenwärtigen Erkenntnisstand dieses – derzeit richtungsweisenden – Forschungsbereichs geben.

Die Fähigkeit zu einer Gefühlsbeziehung als Voraussetzung von Bindung

Als Voraussetzung einer Bindung wird zunächst eine Beziehung zwischen dem Baby und seinen Eltern aufgebaut. Dies braucht Zeit, denn beide Seiten müssen sich allmählich kennen lernen und einen Weg des Miteinanders suchen, der die Bedürfnisse aller berücksichtigt. Wie die Beziehung sich anfühlt, wirkt sich auf die spätere Bindung aus, von der man erst dann spricht, wenn das Kind etwa ein Jahr alt ist. Wie miteinander umgegangen wird, trägt wiederum dazu bei, wie die Beziehung beschaffen sein wird. Im Laufe der Entwicklungen eines Babys verändern sich die Muster des gegenseitigen Umgangs immer wieder aufgrund seiner neu auftretenden Bedürfnisse.

1. In den ersten drei Lebensmonaten stehen die körperlichen Funktionen des Säuglings im Vordergrund. Die Anpassung an die neue Umwelt muss bewältigt werden. In dieser Zeit geht es um die Stabilisierung der grundlegenden Abläufe, z. B. der Verdauung und Ausscheidung, um einen stabilen

Rhythmus der Nahrungsaufnahme und des Schlafes oder auch um eine stabile Körpertemperatur. Das Baby sucht Schutz und braucht engen Kontakt. Die Bezugspersonen unterstützen die Selbstregulation des Babys. Sie passen sich seinem Rhythmus und seinen Bedürfnissen an. Das Baby bildet aus dieser Sicht mit seinen Eltern eine Einheit. Für das Kind sind die interessantesten Umweltreize die Gesichter und Stimmen seiner Eltern. Es ist ihnen zugewandt und vollkommen abhängig von ihrer Pflege und Fürsorge. Die Verlässlichkeit ihrer Fürsorge, ihr Einfühlungsvermögen in die kindlichen Bedürfnisse sowie die Beruhigungsbemühungen der Eltern bilden die wichtigsten Säulen beim Auftauchen seines Selbstempfindens.

2. Nach dem ersten Entwicklungsübergang, etwa vom vierten bis zum sechsten Lebensmonat, sind die sozialen Signale des Säuglings an seine Mitmenschen deutlicher geworden, und er beginnt allmählich, Absichten zu entwickeln. So versucht er, nach Dingen zu greifen oder absichtlich Laute zu erzeugen. Er erlebt von daher erste Gefühle der Selbstwirksamkeit: Wenn er sich auf bestimmte Weise verhält, hat dies ganz bestimmte Folgen. Das Baby beginnt, seinen Einfluss auf andere wahrzunehmen und erlebt sich nun schon ein kleines bisschen unabhängiger. Seine Interessen wenden sich mehr und mehr der Umwelt zu. Die Eltern haben eine andere Funktion als in der ersten Zeit. Sie sind jetzt Assistenten des Kindes, das sie mit Hilfe von gefühlsmäßigen Signalen (Gesichtsausdrücke, Laute) zur Befriedigung seiner Bedürfnisse bewegt. Es experimentiert dabei zunehmend mit den Reaktionen der anderen. Im Mittelpunkt der Zwiegespräche und Spiele stehen jetzt Gegenstände, nicht mehr die Eltern selbst. Die Eltern reichen an, heben auf, was herunterfällt, bringen und zeigen. Die Unterhaltungen im Blickkontakt treten in den Hintergrund, da nun die Erforschung der Welt ansteht. So sind auch andere Personen von großem Interesse sowie alles Neue. Die Eltern helfen dem Kind und unterstützen es in seinem Forschungsdrang.

3. Im nächsten Entwicklungszeitraum, in dem die Bewegungs-

fähigkeiten eines Säuglings zunehmen (Kriechen, Krabbeln), möchte er wieder mehr auf die elterliche Nähe zugreifen. Seine neuen Fähigkeiten, sich als getrennt von den Eltern zu fühlen, verunsichern ihn. Deshalb braucht er die Rückversicherung durch seine Eltern, wenn er sich fortbewegt, entfernt, und wenn er Neues ausprobiert und entdeckt. Fremdenangst und die Orientierung an den Reaktionen der Eltern gewinnen an Bedeutung, denn es sind Signale, die das Nähe- und Sicherheitsbedürfnis des Kindes ausdrücken. Ein Baby in diesem Alter will nun wieder vermehrt gehalten werden und bei den Eltern auftanken, nachdem es schon einen Schritt ins Unbekannte gewagt hat. Für seine kleinen Ausflüge erweist sich ein so genanntes Übergangsobjekt als hilfreich. Das kann ein beliebtes Stofftier, ein Tuch mit dem Geruch der Mutter, ein Teddy oder irgendetwas Weiches, Kuscheliges sein. Das Übergangsobjekt ersetzt in schwierigen Momenten die Bezugsperson. Es wird zum Symbol für sie, wenn das Kind allein einschlafen soll oder wenn es sich allein von ihnen weg bewegt. In solchen und ähnlichen Situationen, die zunächst unsicher sind, hilft ein Schmusetier dem Kind, sich zu beruhigen und sein Verhalten so einzustellen, dass es wieder eine innere Sicherheit erreichen kann.

4. Wenn ein Kind schließlich beginnt, sich selbstständig in den Stand aufzurichten und – wenig später – zu laufen, fühlt es sich einfach großartig! Es glaubt, alles zu können, was die Eltern können und beginnt, Dinge von ihnen zu benutzen und auch ihre Handlungen nachzuahmen. Es will z. B. von der Nahrung der Eltern essen. Es genießt es, nun ohne Hilfe durch die Räume zu laufen und seine Umgebung zu erkunden, will vieles allein machen und gerät dabei an Grenzen. Für die Eltern stellt sich dadurch eine neue große Herausforderung. Denn sie erleben ihr Kind nun meist ausgesprochen fordernd. Doch auch für das Kind bedeutet seine Entwicklung eine Herausforderung: Es ist sehr aufregend, endlich ohne die Hilfe der Eltern die eigenen Absichten zu verfolgen. Ein Gefühl von Unabhängigkeit stellt sich ein, und die Gefühlssignale des Kindes werden dringender, fordernder,

extremer. Wenn es etwas verlangt und ihm dieses verweigert wird, kann ein Kind in diesem Alter zunehmend „außer Kontrolle" geraten. Umgangssprachlich spricht man von einer „ersten Trotzphase", in der es sich befindet. Es kommt häufiger zu Konflikten und Auseinandersetzungen, die nicht selten von trotzig-wütendem Schreien begleitet sind. Nun ist die Regulationsunterstützung durch verständnisvolle, einfühlsame Eltern wieder enorm wichtig, die seinen Selbstentfaltungsdrang bestätigen und in Gefahrensituationen deutliche Grenzen setzen.

Experten gehen davon aus, dass am Ende des ersten Lebensjahres erstmals von einem Bindungsstil (4.3.2), der sich zwischen Eltern und Kind entwickelt hat, gesprochen werden kann.

5. Zwischen etwa eineinhalb und zwei Jahren findet in der Regel ein auffallender Zuwachs in der Sprachentwicklung statt. Dies fördert bei den Kindern ein erneutes Getrenntheitserleben von ihren Bezugspersonen. Ein erstes Ich-Bewusstsein stellt sich ein. Dies wiederum führt zu neuer Unsicherheit, weshalb sie wieder verstärkt Anlehnungsbedürfnisse erleben. Fragen wie „Sind die Eltern für mich da?", „Wo gehöre ich hin?", „Bin ich sicher?" beschäftigen sie. Durch die Auseinandersetzungen mit den Eltern lernen sie auch schon erste soziale Verhaltensstandards. Häufiges Fragen ist typisch für diese Zeit, in der die Sprache für ein Kind wie ein Werkzeug wird.

6. In der folgenden Zeit entwickeln sich diese Vorgänge weiter. Meistens findet um das Alter von zwei Jahren eine so genannte Explosion in der Sprachentwicklung statt. Das bedeutet, dass die Kinder in kürzester Zeit sehr viele neue Worte sprechen und ihren Gebrauch erlernen. Nun verfügen sie über die Mittel, sich mündlich über das zu äußern, was sie beschäftigt. Das heißt, noch mehr zu fragen über die Dinge in und Erlebnisse mit ihrer Umwelt. Aber auch über ihr Inneres beginnen sie sich sprachlich zu äußern, ihre Wünsche und Gefühle zu benennen. Wieder tritt dieses Gefühl von Allmacht auf, daher kommt es erneut zu häufigen Frustrationen. Die Eltern setzen ihren Kindern nun vermehrt Gren-

zen. Die „zweite Trotzphase" ist eingetreten, in der sie sich erneut mit Gefühlsextremen auseinandersetzen müssen. Sie als Eltern haben in dieser Zeit die Aufgabe, dem Kind zu einer inneren Stabilität zu verhelfen. Trotz seiner Großartigkeit kann sich ein Kind in diesem Alter als unsicher erleben und sich deshalb an die Eltern klammern. Es braucht dann Eltern, die es in seiner Bedürftigkeit und Kleinheit verstehen und annehmen, es dennoch als „groß" anerkennen. Das Grenzensetzen bedeutet für viele Eltern in dieser Zeit große Schwierigkeiten. Oft resultiert die Unsicherheit daraus, dass man selbst als Kind zu engen Grenzen ausgesetzt war und nun nicht dasselbe an seinem Kind wiederholen will. Stattdessen traut man sich nicht, dem Kind auch einmal klar zu widersprechen und fühlt sich bald von diesem „gesteuert". Abgesehen davon, dass ein Kleinkind, das soviel Macht über seine Eltern ausüben darf, überfordert ist und keinen inneren Halt findet, können die Eltern in eine Situation geraten, in der sie aufgrund ihrer eigenen Überforderung unvorhergesehen inadäquate Grenzen setzen oder sogar Gewalt anwenden. Erfahrungen in Säuglingssprechstunden zeigen die große Bedeutung klarer Grenzen für die Kinder, die durch die Eltern selbst festgelegt werden, und die einem Kompromiss zwischen kindlichen und den Bedürfnissen der Erwachsenen entsprechen.

7. Etwa mit drei Jahren sind Kinder zu klugen sozialen Partnern herangereift. Sie zeigen Verständnis und sind in der Lage, mit anderen zusammenzuarbeiten und einen Plan zu verfolgen. Sie wissen, was sie dürfen und was nicht. Wenn sie bisher überwiegend positive Bindungserfahrungen gemacht haben, fühlen sie sich der Liebe und des Schutzes ihrer Eltern sicher und genießen die Beziehung zu ihnen. Sie verhandeln über ihre Bedürfnisse und können ihre Energien nun darauf konzentrieren zu spielen, neue Fähigkeiten zu erlernen und im Kontakt mit anderen Kindern zu sein.

Der Aufbau von Beziehungsfähigkeit verläuft, wie die beschriebene Abfolge verdeutlichen soll, Hand in Hand mit dem Erwerb eines gefühlsmäßigen Gleichgewichtes. Dieses ist in der ersten Zeit weitgehend vom Verhalten der Eltern abhängig. Phasen von Sicherheit wechseln mit solchen von Unsicherheit ab. Nachdem ein Kind Triumph aufgrund eines Erfolges erlebt hat, kommt es wieder in die Situation, dass es vor etwas Neuem, Unbewältigbarem steht, Hilfe benötigt und sich abhängig fühlt. Es fällt von einem Gefühl der Unabhängigkeit in unüberwindliche Abhängigkeit und umgekehrt. In diesem Spannungsfeld erlebt es extreme Gefühlsschwankungen. In den ersten drei Lebensjahren lernt es mit der Unterstützung der Eltern, diese Gefühle zu kontrollieren. Die Eltern helfen dem Kind, die Heftigkeit der Gefühle unter Kontrolle zu bringen.

Was ist unter einer Bindung zu verstehen?

Ich werde zunächst wieder mit den Erklärungen einiger Begriffe einleiten, um mich dem zu nähern, was eine Bindung ausmacht. Bindung wird als die besondere Beziehung eines Kindes zu seinen Eltern oder Personen verstanden, die es beständig betreuen. Sie ist im Gefühl verankert und verbindet das Individuum mit der anderen, besonderen Person über Raum und Zeit hinweg. Bindung ist ein Bild für das gefühlsmäßige Band, das die Beziehung zwischen dem Kleinkind und seinen bevorzugten Bezugspersonen kennzeichnet. Es wird vermutet, dass es auch beim menschlichen Säugling ein biologisch verankertes und aus der Evolution hervorgegangenes Bedürfnis für die Entwicklung einer gefühlsmäßigen Bindung an eine Haupt-Bezugsperson gibt. Die Bindung sichert das Überleben der Art. Die Bindungstheorie besagt, dass sich ein Säugling im Verlauf seines ersten Lebensjahres in ganz spezifischer Weise an diejenige Pflegeperson bindet, die mit ihm feinfühlig umgeht. Dies muss nicht immer die Mutter sein. Es kann auch der Vater oder eine andere Person sein. Auch die einfühlsame Begleitung des Kindes mit Hilfe der Sprache durch die Betreuungsperson spielt eine große Rolle dabei.

Die Bindung der Eltern an das Kind festigt sich bereits sehr früh. Umgekehrt kann von einer stabilen Bindung des Kindes an die Eltern erst gegen Ende des ersten Lebensjahres gesprochen werden. Erst nachdem wesentliche Entfaltungsprozesse im Bereich der Gefühlsentwicklung beim Säugling stattgefunden haben und die ersten Gefühle auftreten, kann eine Gefühlsqualität in der Verbindung zwischen Eltern und Kind entstehen. Dies ist in der Regel um die Zeit des siebten bis zehnten Lebensmonates der Fall. Von dieser Zeit an kann man vom Beginn einer Bindung sprechen. Dann nämlich, wenn Personkonstanz und Objektpermanenz erreicht ist. In den Monaten zuvor ist es sinnvoller, den Begriff „Beziehung" zu verwenden.

> Unter Beziehung versteht man die Gesamtheit des Miteinanders, das stattgefunden hat bis zu diesem Zeitpunkt. Das, was eine Beziehung ausmacht, das Typische, kristallisiert sich aus den Erfahrungen im bisherigen Umgang heraus. Aus der Beziehung entwickelt sich die Bindung. So wird auch verschiedentlich von einer Bindungsbeziehung gesprochen.

Weinen, Lächeln, Anklammern und Nachfolgen sind als typisches Bindungsverhalten bei Säuglingen zu verstehen. Es sind Verhaltensweisen, die auf entwicklungsgeschichtlichen Wurzeln beruhen, zum entwicklungsgeschichtlichen Erbe geworden sind, und die bei den Eltern typische Verhaltensweisen auszulösen vermögen, die an das kindliche Verhalten angepasst sind. Wenn ein Säugling weint, hat man den Wunsch, ihn aufzunehmen und zu beruhigen. Wenn er lächelt, ist man sehr angerührt, man freut sich und lächelt zurück, spricht zu ihm. Das Anklammern und Nachfolgen führt zu dem Bedürfnis, dem Kind Sicherheit zu vermitteln.

> Aus unseren Beschreibungen der Bindung folgt, dass keinesfalls ausschließlich die Mutter als Bindungsfigur in Frage kommt. Sie ist zwar auch heute häufig noch diejenige Person, die die meiste Zeit mit dem Kind verbringt. Dennoch kann es auch möglich

sein, dass das Kind eine befriedigendere Bindung zum Vater aufweist. Auch andere Personen (Großeltern, weitere Betreuungspersonen, Geschwister) können zur Entwicklung, aber manchmal auch zum Ausgleich einer weniger sicheren Bindung beitragen. Entscheidend ist lediglich, dass es im sozialen Umfeld des Kindes eine Person gibt, bei der es sich sicher und geborgen fühlen kann.

Bindung und Neugier schließen sich nicht gegenseitig aus

Sicherheit und Geborgenheit sind Gefühle, die ein Kind innerhalb einer hinreichend guten Bindungsbeziehung erlebt. Die Bindung an die Betreuungsperson bedeutet für das Kind eine Grundlage, im optimalen Fall garantiert sie Schutz und Unterstützung. Sobald es dem Säugling von seiner Bewegungsentwicklung her möglich ist, sich von der Bindungsfigur zu entfernen, wird das Tragende einer Bindung deutlich. Das Kind beginnt, von seiner Basis aus erste Erkundungen der Umgebung vorzunehmen. Dabei muss es sich darauf verlassen können, dass die Bindungsfigur in der Nähe bleibt und es jederzeit zu ihr zurückkommen kann oder dass sie zu ihm kommt, wenn es sie braucht.

Wenn keine gute, tragende Bindungsbeziehung entwickelt werden konnte, bleibt das kindliche Bedürfnis nach Nähe größer als jenes nach neuen Entdeckungen. Je mehr Vertrauen in die Bindungsfigur möglich ist, umso freudiger und interessierter wendet sich das Kind den aufregenden Dingen zu, die sich in gewisser Entfernung befinden, da es zwischenzeitlich „auftanken" kann. Es wird sich rückversichern, indem es sich umschaut und die Zustimmung bzw. Ermutigung seiner Bindungsfigur sucht. Wenn die Entfernung zu groß wird, wächst auch das Verlangen nach Nähe, und es wird zurückkrabbeln oder -laufen, um bei der Bindungsfigur gefühlsmäßig „aufzutanken". Denn das Neue ist aufregend. Und das ist anstrengend. Das Kind sucht dann nach Rückversicherung. Sobald es wieder ausreichend Sicherheit und Geborgenheit spürt, kann es sich wieder dem Unbekannten zuwenden. Diese Zusammenhänge werden durch das Bild einer Waage symbolisiert (Abb. 4.6). Es kommt im „Bindungs-Explorations-System" immer wieder zum Überwiegen eines der beiden Aspekte: dem Bedürfnis nach Geborgenheit und Nähe gegenüber dem Bedürfnis nach neugierigem Erkunden der Umwelt. Dann muss wieder für einen Ausgleich gesorgt werden. In der Abbildung wird ein Zustand skizziert, der das Überwiegen des Bindungsbedürfnisses darstellt.

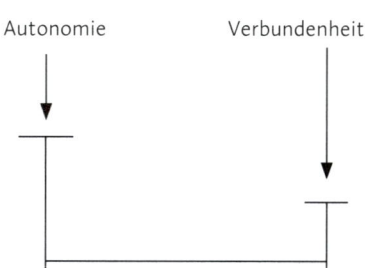

Autonomie   Verbundenheit

▲ Abb. 4.6: Verbundenheit überwiegt in diesem Sinnbild einer Waage (Cierpka et al. 2000)

Wenn ein Kind sich traut, die enge Verbundenheit mit der Mutter loszulassen, wird es mehr erleben, wodurch seine ganze Persönlichkeit stärker gefordert ist. Es müssen mehr Dinge verstanden, eingeordnet und bewältigt werden. Die kindliche Selbstregulation wird durch vermehrte Erregung und Freude wiederholt Prüfungen unterzogen. Es liegt aber eine große Chance in diesen Herausforderungen – vorausgesetzt, die Basis ist sicher.

Die Bedeutung einer sicheren Bindungsbeziehung

Ich hatte unter 4.3. eingangs die Begriffe Bindung, Beziehung und gegenseitiger Umgang miteinander (Zwiegespräche) erwähnt und dabei verdeutlicht, dass sich eine Beziehung aus unzähligen Unterhaltungs- und Spielsituationen, eine Bindung aus einer Beziehung entwickelt. Das bedeutet, dass die Gesamtheit aller gemeinsamen Situationen ausschlaggebend für die Qualität einer Bindungsbeziehung ist. Verlaufen sie meistens harmonisch und positiv (was eine Unterstützung der kindlichen Selbstregulation bedeutet), so ist anzunehmen, dass sich eine überwiegend positive, sichere Bindung entwickeln wird. Umgekehrt wird sich eine eher unsichere oder zwiespältige Bindung entwickeln, wenn die Mehrheit der gemeinsam erlebten Situationen unbefriedigend oder negativ verläuft. Besonders der Gesichtspunkt der elterlichen Feinfühligkeit, der noch an anderer Stelle erörtert wird (Kap. 7), ist eng mit der Art und Weise einer Bindung verknüpft. Wie die Eltern mit dem Baby umgehen, das Ausmaß an Zeit, das sie mit ihm verbringen und die Art und Weise der allgemeinen Versorgung sind hierbei von Bedeutung. Haben die Eltern gegenüber ihrem Kind positive Gefühle, so trägt dies wesentlich dazu bei, dass sich eine sichere Bindung entwickeln kann. Wie die Pflegeperson die Beziehung gestaltet, weniger ihre unentwegte körperliche Anwesenheit, ist maßgeblich. Je feinfühliger Eltern gegenüber ihrem Kind sind, desto sicherer wird das Grundgefühl in der Bindungsbeziehung sein.

Nach dem ersten Lebensjahr kann man vier verschiedene Bindungsstile unterscheiden, die sich bei Säuglingen bis dahin ausgestalten können. Sie sollen jetzt beschrieben werden:

Sichere Bindung: Das Kind benutzt die Bindungsperson als Basis zur Erforschung und Bewältigung von Neuem. Nach einer kurzen Trennung sucht es aktiv und direkt Kontakt und wendet sich dann wieder der Erkundung seiner Umwelt (Spielsachen) zu. In einer Trennungssituation folgt es der Bezugsperson nach, sucht diese bei Gefahr auf und klammert sich an sie, um bei ihr Sicherheit und Schutz durch möglichst große Nähe zu erfahren. Wird das Kind allein gelassen, zeigt es direkt und intensiv seinen Kummer. Kehrt die Mutter wieder zurück, lässt sich das Kind schnell beruhigen, sucht Kuschelkontakt und spielt dann fröhlich weiter.

Unsichere Bindung: Das Kind kann die Bezugsperson nicht als sichere Grundlage für seine Erkundungen benutzen. Es gibt zwei Varianten:

a) Unsicher-vermeidende Bindung:
   Diese Kinder scheinen eine kurze Trennung von der Bindungsperson kaum zu bemerken und zeigen bei der Rückkehr der Mutter wenig Gefühle. Sie vermeiden Nähe und Kontakt, drehen z.B. den Körper weg und wenden der Bezugsperson den Rücken zu. Sie haben ihre Aufmerksamkeit auf die Erkundung von etwas anderem gelenkt und beschäftigen sich weiter mit ihrem Spielzeug. Diese Kinder haben in der Vorgeschichte gelernt, ihren Gefühlsausdruck sehr einzuschränken, da die Mütter die Empfindsamkeit ihres Kindes offenbar häufig nicht tolerierten, wenig einfühlsam mit dem Kind umgingen und schon früh eine eigenständige Gefühlskontrolle von ihm erwarteten. Die Untersuchung von körperlichen Stressreaktionen in solchen Situationen zeigt aber, dass diese Kinder innerlich unter hochgradiger Anspannung stehen, die sie nach außen hin verbergen.

b) Unsicher-ambivalente (zwiespältige) Bindung:
   Die Kinder reagieren mit übermäßigen Nähebedürfnissen, zeigen Signale wie Weinen und Anklammern. Sie haben die Strategie entwickelt, ihren Kummer eher in dramatischer Form zu zeigen, was oft übertrieben anmutet. Für die Bindungsperson ist es schwierig, sie nach einer Trennung wieder zu beruhigen. Sie zeigen aber zusätzlich auch Verhaltensweisen, die ärgerlich und aggressiv gegen die Bindungsperson gerichtet werden und befinden sich nach Trennungen in einem Dilemma zwischen Nähebedürfnis und Wut oder Zorn. Sie erleben starke Abhängigkeitsgefühle, gleichzeitig aber ein ebenso starkes Bedürfnis nach Unabhängigkeit.

Chaotische Bindung: Diese Kinder zeigen nach der Rückkehr der Mutter eine Anzahl von auffälligen Verhaltensweisen, z.B. ritualisierte, sich wiederholende Bewegungen und Verhaltensweisen, Erstarren und Verharren im Verhalten, Grimassieren, ausweichende Verhaltensweisen, plötzliches Toben oder „Ausrasten". Solche Äußerungen lassen keine klare Bindungsart erkennen; es liegt ihnen aber möglicherweise eine Angstreaktion in Bezug auf die Bindungsperson zugrunde. Besonders ausgeprägt ist dieses Bindungsmuster bei Kindern mit Misshandlungs- sowie Missbrauchserfahrung und bei besonders wenig sensiblem Mütterverhalten.

> Die Verhaltensmuster der Bindungsstile sind nicht für sich allein genommen als krankhaft zu verstehen. In jeder Person finden sich normalerweise Anteile von allen vier Typen. Die Einteilung erfolgt nach dem Überwiegen eines der vier Stile.

Zum Ende des Kapitels betrachten Sie bitte Abbildung 4.7 und bearbeiten Sie diese Fragen:

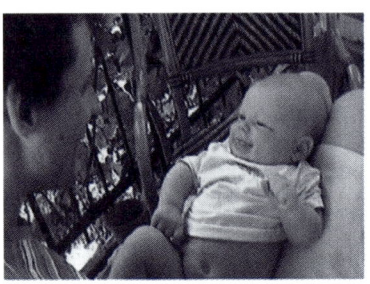

▲ Abb. 4.7

1. Wie geht es diesem Baby gerade?
2. Wie äußert es sein Befinden, welche Signale sendet es aus?
3. Wie lautet seine Mitteilung?

Hier sind meine Antworten:

> Diesem Baby geht es sehr gut. Man erkennt das an seinem fröh-
> lichen Gesichtsausdruck; es lächelt und hält Blickkontakt zu sei-
> nem Vater. Sein Körper und sein Gesichtchen sind angespannt,
> jedoch in einem Ausmaß, in dem es nicht überfordert ist. Es be-
> wegt sich vermutlich während der Zwiesprache mit dem Vater.
> Seine Zunge schiebt es gerade aus dem Mund – ich vermute,
> dass der Vater ihm gerade die Zunge herausgestreckt hat, und
> das Kind imitiert nun diesen Ausdruck.
>   Alles deutet auf eine gute und vergnügte Zeit hin, die die bei-
> den miteinander haben.
>   Das Baby sendet die **Mitteilung:** „Ach, was für ein Spaß mit
> Dir. Du gibst mir so interessante Anregungen und machst mich
> ganz fröhlich. So möchte ich weiter machen."

4.4 Zusammenfassung

Im Verlauf des ersten Lebensjahres können zwei Entwicklungsübergänge der Verhaltensregulation eines Säuglings unterschieden werden. Jeder Übergang ist durch eine Neu-Ordnung seiner bisherigen Erfahrungen gekennzeichnet. Erregungs- und
Gefühlsmuster spielen eine herausragende Rolle bei der Gedächtnisbildung. Feinfühliger Umgang mit dem Kind fördert
die kindliche Verhaltensregulation, da er Spannungskontrolle
ermöglicht.

Beim ersten Übergang, etwa um den zweiten und dritten Lebensmonat herum, mit dem Erscheinen des sozialen Lächelns,
beginnen die Eltern in der Regel, ihr Kind als sozialen Partner
wahrzunehmen. Es ist nun aufgrund von umfassenden Rei-
fungen (Wahrnehmung, Neurophysiologie, soziale Signale) in
der Lage, deutlichere Ausdruckssignale zu senden. Gleichzeitig
bildet sich das von Anfang an vorhandene Selbstempfinden des
Säuglings weiter aus. Er empfindet seinen eigenen Körper mehr

und mehr und erlebt sich zunehmend getrennt von anderen. Gefühlsmäßig herrscht lange Zeit eine „Ansteckbarkeit" vor. Einige Gefühlsvorläufer können von Anfang an beobachtet werden, andere entwickeln sich im Lauf des ersten Lebensjahres. Das Baby kann mit seinem Lächeln die Freude der Mutter „anstecken" und umgekehrt.

Beim zweiten Übergang, nach der ersten Hälfte des ersten Lebensjahres beginnt ein Baby, Dinge und Personen als überdauernd (permanent) wahrzunehmen. Im Zusammensein mit anderen wirkt sich die neue Fähigkeit zunächst als so genanntes Fremdeln aus. Dies beeinflusst das Selbsterleben, das Gefühl für das Selbst wird klarer. Spezifische Gefühle treten erstmals auf. – All dies führt zu intensiveren Erfahrungen von Gemeinsamkeit mit den Bezugspersonen.

Im Zuge der gewaltigen Veränderungen entwickelt sich eine Bindung zwischen dem Baby und seinen Eltern. Sie beruht auf unzähligen gemeinsam erlebten Situationen. Deren Qualität entscheidet über die spätere Beziehungsfähigkeit des Kindes, denn sich wiederholende und einzigartig typische Muster des Miteinanderseins werden im Gedächtnis „gespeichert".

Unter Bindung verstehen wir die ganz eigene, überdauernde gefühlsmäßige Verbindung zu einer Bezugsperson. Sie festigt sich mit den Gefühlen, die im letzten Viertel des ersten Lebensjahres beim Kind erstmals auftreten. Bestimmte Verhaltensweisen werden als Bindungsverhalten verstanden, wie Weinen, Lächeln, Anklammern und Nachfolgen. Sie haben sich evolutionsgeschichtlich gesehen als sinnvoll erwiesen. Ihr Verständnis auf Seiten der Eltern beeinflusst die Art der Bindungsbeziehung. Innerhalb dieser wechselt das Kind zwischen zwei extremen Polen: dem Bedürfnis nach Geborgenheit und seiner Neugier. Um die Welt zu erkunden, muss es sich seiner Eltern sicher fühlen und auf sie zurückgreifen können. Vom Ausmaß an Sicherheit, das es in der Bindungsbeziehung erlebt, ist abhängig, wie sehr es auch seinem Forscherdrang und seiner Neugier auf die Umwelt folgen kann.

Wissenschaftlich werden verschiedene Muster der Bindung unterschieden: die sichere Bindung, die unsichere und die chaotische. Die unsichere Bindung wird einer weiteren Unterteilung unterzogen: unsicher-vermeidend gegenüber unsicher-zwiespältig.

Neben dem beachtlichen Einfluss, den das elterliche Verhalten auf die Entwicklung eines Bindungsmusters hat, werden die entscheidenden kindlichen Einflüsse uns nun im nächsten Kapitel beschäftigen.

5 Das Temperament des Kindes

5.1 Was bedeutet der Begriff „Temperament"?

„Dieser Mensch ist temperamentvoll." – „Er/Sie hat ein… Temperament." „Vom Temperament her unterscheiden sie sich sehr." – Wenn andere Personen beschrieben werden, ist häufig der Temperamentsbegriff im Spiel.

Persönlichkeitstheorien und Temperamentstypologien mit ihren Einteilungen unterscheiden verschiedene Gruppen von Menschentypen. Persönlichkeit und Temperament sind jedoch nicht miteinander zu verwechseln! Der Begriff „Persönlichkeit" bezeichnet die psychosozialen Merkmale von Menschen. „Temperament" umschreibt eine Art biologischer Grundausstattung, die den Boden für die Persönlichkeitsentwicklung bildet. Das Temperament ist angeboren und am besten mit einer Konstitution, einer seelischen Verfassung, zu vergleichen, die sich durch das Zusammenwirken der Gene mit den Umwelteinflüssen herausbildet. Man spricht auch vom individuellen „Verhaltensstil", der bei einer Person den charakteristischen Eindruck verursacht und meint damit eine Neigung, sich in bestimmten Situationen auf ganz bestimmte Weise zu verhalten. Näheres dazu erfahren Sie in den nächsten Abschnitten.

5.2 Säuglinge unterscheiden sich von Anfang an

Ein Zweig der Psychologie befasst sich mit wissenschaftlicher Temperamentsforschung. Durch die Untersuchung sehr großer Personengruppen konnten so genannte Temperamentsfaktoren ermittelt werden. Heutzutage besteht weitgehende Übereinstimmung darin, dass es insgesamt neun verschiedene Dimensionen gibt, die sich dazu eignen, schon beim Neugeborenen

Unterschiede im Verhaltensstil zu beschreiben. Menschen unterscheiden sich danach in den folgenden Verhaltensbereichen:

■ **Aktivität** (Ausmaß und Tempo): Manche Kinder verbringen viel Zeit an einem Platz oder mit derselben Beschäftigung. Andere bewegen sich viel umher. Sehr aktive Kinder werden unruhig oder beginnen zu weinen, wenn man sie in ihrer Aktivität eingrenzt. Diese Kinder wünschen einen häufigen Wechsel ihrer Beschäftigungen und bewegen sich viel mehr.

■ **Rhythmizität** der körperlichen Funktionen: Manche Kinder scheinen eine eingebaute Uhr zu besitzen, denn sie essen, trinken, schlafen, verdauen usw. zu recht genauen vorhersagbaren Zeiten. Andere benötigen ein Jahr oder länger, um einen Rhythmus zu entwickeln. Mit der Reifung stellt sich meistens eine gewisse Regelmäßigkeit ein. Eltern können ihrem Kind aber auch in dem Versuch, einen Rhythmus auszubilden, behilflich sein. Wenn Kinder mit einem regelmäßigen Rhythmus unterbrochen werden, reagieren sie mit Stresssignalen, zum Teil sogar mit körperlichen Stress-Anzeichen wie Erbrechen oder Durchfall. Fast alle Kinder fühlen sich mit einem Rhythmus sicherer.

■ **Annäherungs-/Vermeidungsverhalten** gegenüber Neuem: Einige Kinder suchen aktiv Neues, während andere viel Ermutigung und Sicherheit dazu benötigen. Erstere lieben neue Dinge und Personen, und sie lieben Entdeckungen. Letztere brauchen eine Aufwärmphase, in der sie sich an das Neue gewöhnen können. Sie erscheinen in der Annäherung vorsichtig, skeptisch und ängstlich, wenn sie neuen Erfahrungen gegenüber stehen.

■ **Anpassungsvermögen** in neuen Situationen: Wie eine Person auf Veränderung reagiert, bestimmt ihr Verhalten in neuen Situationen. Babys reagieren unterschiedlich auf das erste Bad, neue Gesichter und neue Orte. Einige mögen neue Situationen und zeigen Neugier und Interesse. Andere erscheinen ängstlich. Sie brauchen ein langsames Tempo der Veränderung und viel Geduld der Eltern, um sich an das Neue anzupassen.

■ **Reizschwelle** (neurophysiologisch): Reizeinflüsse durch die Umwelt erreichen verschiedene Kinder nicht gleichermaßen. Geräusche, Gerüche, Temperatur, Berührungen und visuelle Reize nehmen wir alle sehr unterschiedlich wahr, obwohl sich ein Teil der Unterschiede schon mit zunehmender Reifung in der frühen Kindheit ausgleicht. Es gibt Säuglinge, die bei jedem Geräusch schreckhaft zusammenzucken. Andere bleiben noch bei größerem Lärm ruhig und zufrieden. Manche fühlen sich durch eine feuchte Windel gestört. Andere reagieren kaum darauf. Auch im Spiel sind die Bedürfnisse sehr individuell: Zwei Reize zur selben Zeit (z. B. Schaukeln und Sprechen) können zuviel sein. Die Kinder werden unruhig und unzufrieden. Wenn Eltern die Signale der Überstimulation erkennen können, sind sie in der Lage, sich und dem Baby viel Stress zu ersparen.

■ **Stimmungslage:** Die Stimmung eines Kindes wird natürlich neben seinem Temperament auch von Umwelteinflüssen sehr stark beeinflusst. Dennoch kann man Kinder, die sehr häufig gut gelaunt sind, von solchen unterscheiden, deren Stimmung überwiegend negativ ist, die häufig schreien oder die traurig und ängstlich wirken. Eltern können ihren Babys zu einer besseren Laune verhelfen, indem sie sein Sicherheitsgefühl stärken und positive Gefühle mit ihm austauschen, das heißt mit ihm Spaß haben und sich vergnügen.

■ **Intensität** des Ausdrucksverhaltens: Babys drücken ihre Gefühle unterschiedlich stark aus. Einige schreien laut und lange. Andere hören mit dem Schreien auf, sobald die Bezugsperson darauf reagiert. Sie können dann sehr schnell zu einer anderen Gefühlslage übergehen.

■ **Ablenkbarkeit:** Es gibt Kinder, die sich durch nichts stören lassen, unabhängig davon, wer hereinkommt und was geschieht. Dagegen lassen sich andere sehr schnell durch fast alles unterbrechen. Sie hören beispielsweise mit dem Essen auf, um jemanden zu beobachten, der hereinkommt.

■ **Ausdauer:** Manche Kinder werden regelrecht aufgesaugt durch die Beschäftigung mit bestimmten Dingen. Säuglinge blicken manchmal sehr lange auf ein Mobile und wirken ärgerlich, wenn man sie darin stört. Andere verlieren das Interesse schon nach kürzester Zeit.

Diese neun Merkmalsbereiche werden in der Tabelle 5.1 beispielhaft veranschaulicht.

Ein angeborenes Temperament bestimmt aber nicht ein für allemal den Charakter eines Menschen. Durch die Einflüsse der Umwelt und durch Erfahrungen kommt es oftmals im Laufe des Lebens zu Veränderungen, die erheblich sein können. Es ist folglich nicht möglich, aufgrund einer Temperamentsmessung im Kindesalter Vorhersagen für das Erwachsenenalter zu treffen. Im Übrigen besteht heute weitgehend Konsens darüber, dass selbst die Wirkung der Gene mehr oder weniger durch Umweltfaktoren beeinflusst wird.

Eltern und Kind stellen sich von Anfang an aufeinander ein. Sie passen sich in Bezug auf ihr Verhalten einander an. Daher spricht man von der „Passung". Bei einer guten Passung reagieren die Eltern überwiegend in angemessener Weise auf die Signale ihres Babys; es kommt zu gelungenen, harmonischen gemeinsam verbrachten Phasen, was gleichbedeutend ist mit einer guten Regulationsunterstützung.

5.3 Temperamentsunterschiede in der frühen Kindheit

Man hat Temperamentsmerkmale bei Neugeborenen und Säuglingen sehr gründlich untersucht und sie grob zwei Klassen zugeordnet:

1. diejenigen, die für ihre Eltern „einfach" sind,
2. und Babys, die für ihre Eltern eher „schwierig" sind.

Mit den letzteren sind Kinder gemeint, die von Anfang an insgesamt eher

- unrhythmisch sind, was ihr Schlaf- und Essverhalten sowie ihre Ausscheidungsfunktionen angeht,
- sich eher unzugänglich gegenüber fremden Personen verhalten,
- eine Abneigung gegenüber einer neuen Umgebung haben,
- ihre Gefühle (sowohl die guten als auch die schlechten) sehr intensiv ausdrücken und
- eine überwiegend negative Grundstimmung haben.
- In der Regel tendieren sie mehr zu Unruhe und zum Schreien als andere.

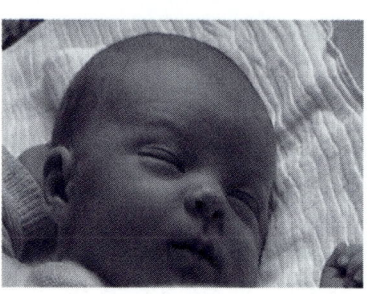

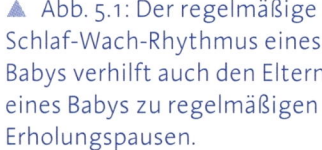

▲ Abb. 5.1: Der regelmäßige Schlaf-Wach-Rhythmus eines Babys verhilft auch den Eltern eines Babys zu regelmäßigen Erholungspausen.

Irritabilität ist eine weitere Bezeichnung für den genannten Merkmalstyp. Für die Bezugspersonen besteht die Schwierigkeit ganz besonders darin, dass die betroffenen Babys in ihrem Verhalten relativ unvorhersehbar sind und auch leichter sowie häufiger zu schreien beginnen. Man kann sie oft in ihrem Verhalten nicht richtig einschätzen und weiß nicht, worauf man sich einstellen soll. Bei übermäßig schreienden Babys finden sich solche Merkmale überzufällig häufig. Die Wurzeln bestehen vermutlich in einem besonders erregbaren Nervensystem. So sind die entsprechenden Kinder im Vergleich mit anderen viel empfindlicher. Sie sind erregbarer, daher unruhiger, und brauchen deshalb mehr Geduld, Einfühlungsvermögen und Anpassungsbereitschaft der Eltern als andere. Sie sind darüber hinaus schwerer tröstbar. Ihre Bewegungen und ihr gesamtes Verhalten erscheinen vielfach ziellos und unkoordiniert. Die Frage nach der Verursachung kann nicht klar beantwortet werden. Angenommen wird, dass die zentralnervösen und neurologischen Funktionen dieser Babys während der Schwangerschaft weniger ausreifen konnten als bei anderen.

In einem der vorangegangenen Kapitel war schon einmal die Rede davon, dass manche Säuglinge weniger deutliche Signale senden als andere. Auch diese Beschreibung fällt in die Kategorie „schwierig". Gemeint ist damit, dass ein Kind beispielsweise ohne Hinweise auf Unwohlsein plötzlich und unerklärlich zu schreien beginnt. Oder: dass es scheinbar keine Hunger- und Sättigungssignale sendet, sich nicht anschmiegt. So können die Eltern nicht verstehen, wie sie ihr Kind beruhigen können, da es scheinbar auf keinen ihrer Beruhigungsversuche reagiert.

Andere verziehen zumeist mehrmals ihre Mimik, bevor sie stärkere Ausdruckssignale einsetzen. Ohne diese Zwischenstufen hat man den Eindruck, das Kind wechsle seine Zustände ganz ohne Übergänge.

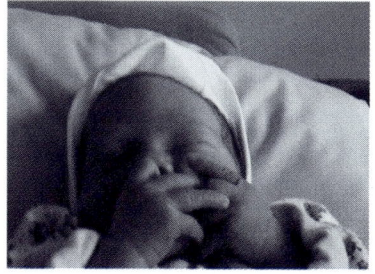

▲ Abb. 5.2: Das Saugen an den eigenen Fingern beruhigt und löst Spannungen.

An dieser Stelle sei noch darauf hingewiesen, dass die beschriebenen Temperamentsausprägungen keinesfalls zu verwechseln sind mit Hyperaktivität oder mit einem Aufmerksamkeitsdefizit-Syndrom. Ebensowenig kann man davon ausgehen, dass sich später daraus diese Probleme entwickeln werden. Über Hyperaktivität und ADHS wissen wir noch zu wenig, um überhaupt Ursachen annehmen zu können.

5.4 Unterschiede in der sozialen Ansprechbarkeit

Nachfolgend können Sie anhand einer Sammlung elterlicher Aussagen über ihr Kind einige Extrem-Beispiele kennen lernen, wie sich schon sehr kleine Kinder hinsichtlich ihres Temperaments unterscheiden (vgl. Tab. 5.1).

▲ Tabelle 5.1: Verhaltensbeispiele für die neun Temperamentsfaktoren

	Hohe Ausprägung	Niedrige Ausprägung
Aktivität	„Es plantscht und bewegt sich beim Baden so sehr, dass nachher der Boden aufgewischt werden muss."	„Es bewegt sich beim Baden kaum."
Rhythmizität	„Sein Stuhlgang erfolgt regelmäßig einmal täglich nach der ersten Mahlzeit."	„Sein Stuhlgang erfolgt manchmal zwei- bis dreimal am Tage, manchmal auch erst nach drei oder mehr Tagen wieder."
Annäherung/ Vermeidung	„Es lächelt fremde Leute immer an."	„Wenn ich es mit neuen Speisen versuche, verzieht er regelmäßig sein Gesicht und spuckt alles wieder aus."
Anpassungs-vermögen	„Als ich ihm erstmals Haferflocken gab, spuckte es sie aus. Aber nach zwei- oder dreimal aß es sie mit Begeisterung."	„Jedesmal, wenn ich ihm den Schneeanzug anziehe, schreit und zappelt es, bis wir draußen sind. Und das geht schon den ganzen Winter so."
Sensorische Reizschwelle	„Es kann sich den Kopf anschlagen und eine Beule bekommen, ohne sein Verhalten zu ändern."	„Selbst wenn eine Tür leise geschlossen wird, wacht es auf."
Stimmungs-lage	„Wenn ich die Milchflasche heraushole, beginnt sie zu lächeln."	„Sie lächelt selten."

Intensität	„Wenn ihm etwas nicht passt, beginnt es wie am Spieß zu schreien."	„Wenn es wütend ist, klagt es, schreit aber nie laut."
Ablenkbarkeit	Wenn es gerade gestillt wird und jemand vorbeigeht, schaut es nicht nur auf, sondern unterbricht das Saugen bis die Person aus dem Blickfeld verschwunden ist."	„Wenn es gerade hungrig ist und es eine Weile dauert bis das Essen zubereitet ist, lässt es sich nicht mit einem Spiel ablenken. Es schreit bis es gefüttert wird."
Ausdauer	„Es bleibt mit der Aufmerksamkeit ganz lange bei einem Spielzeug."	„Seine Aufmerksamkeit lässt sehr schnell nach."

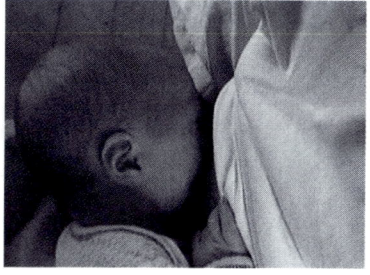

▲ Abb. 5.3: Die Brustwarze zu finden und kräftig, rhythmisch daran zu saugen, ist nicht von Anfang an selbstverständlich; die Regulation der Nahrungsaufnahme kann anfangs noch schwierig sein.

Neben den Merkmalen, die im letzten Abschnitt beschrieben wurden, ist das der sozialen Ansprechbarkeit eine wichtige Eigenschaft der Unterscheidbarkeit von Babys. Es gibt Kinder, die grundsätzlich freundlich und zugewandt, ja interessiert an allen Menschen wirken. Sie sind sehr schnell bereit zum Blickkontakt und zu einem verbindenden Lächeln. Als Erwachsener kann man ihnen nicht widerstehen. Sie sind einladend und gewinnend, noch bevor man sie recht angesehen hat.

Andere Kinder sind sozial zurückhaltend und erscheinen nahezu scheu. Mit ihnen ist nicht leicht Kontakt zu knüpfen, weshalb sie auch generell weniger Beachtung finden. Sie sind nicht grundsätzlich von schlechter Stimmung. Erwachsenen kommen sie jedoch skeptisch vor. Ihre geringere Ansprechbarkeit drückt sich darin aus, dass sie weniger Bereitschaft zeigen, Blickkontakt aufzunehmen und aufrecht zu erhalten. Wenn es zum Blickkontakt kommt, ist dieser von Ernst getragen. Manche Kinder lächeln recht selten, was einen nahezu unfreundlichen Eindruck hinterlässt. Wenn man sich bemüht, sie trotzdem zu gewinnen, weinen sie unter Umständen sogar. Man ist dann durch ihr zurückgezogenes Wesen verunsichert und findet sie weniger sympathisch als die Erstgenannten.

Vielleicht können Sie sich vorstellen oder haben es bereits selbst beobachtet, dass die beschriebenen Extreme von Kindern sehr unterschiedliche soziale Erfahrungen machen werden. Die ersten wirken durch ihr starkes Interesse an ihrer Umgebung ausgesprochen anziehend. Dadurch werden sie häufigere und freundlichere gemeinsame Situationen mit anderen erleben, die sie zur Entwicklung positiver Erwartungen befähigen. Ihre Eltern wiederum werden sich in ihrer Rolle als Eltern wohler fühlen, da ihre Bemühungen durch das Kind regelmäßig belohnt werden. So kann sich bei ihnen das Gefühl einstellen, gute Eltern zu sein und richtig mit dem Kind umzugehen.

Die Zurückgezogenen benötigen hingegen unter Umständen mehr Distanz, was manchmal auch an ihrer körperlichen Abwehr zu spüren ist, wenn man sie auf den Arm nimmt. Sie fühlen sich weniger anschmiegsam und kuschelig an, da zuviel Nähe für sie nicht gut zu verkraften ist. Der zwischenmenschliche Kontakt ist für solche Babys ein sehr erregender Stimulus. Sie versuchen sich gegen Überreizung zu schützen, indem sie sich zurückziehen.

Es ist wichtig, solche Verhaltensweisen zu verstehen, um mit der eigenen Verunsicherung angemessen umgehen zu können. Allzu leicht fühlt man sich durch die geringe soziale Ansprechbarkeit eines Kindes persönlich abgelehnt oder unzureichend. Dass hieraus Missverständnisse und inadäquate Umgehensweisen entstehen können, liegt auf der Hand. Über der Enttäuschung versäumt man dann leicht, das zu genießen, was man mit diesem Baby auch Schönes erleben könnte.

5.5 Kindliches Temperament und Eltern-Verhalten sind abhängig voneinander

Da nicht jedes Kind wie das andere ist, sondern es sich von Geburt an durch seine Individualität von allen anderen unterscheidet, benötigt es Eltern oder Betreuungspersonen, die seine Einzigartigkeit erkennen und darauf unterstützend reagieren. Wenn ein Baby einmal zu weinen begonnen hat und nur schwer tröstbar ist, wird man ihm weniger Belastungen und Frustrationen zumuten als einem „sonnigen Gemüt". Man wird als Eltern auf frühe Zeichen von Unruhe oder Unlust achten, um es vor Überreizung und Überforderung zu schützen. Babys mit den Merkmalen, die Eltern schwierig finden, wird man in ihrer Anpassung an Rhythmen (Nahrungsaufnahme, Schlaf, tägliche Abläufe) unterstützen.

Wenn man beispielsweise weiß, dass das Baby vor kurzer Zeit erst getrunken hat und noch satt sein müsste, wird man ihm keine Nahrung anbieten, sondern soviel Zeit bis zur nächsten Mahlzeit vergehen lassen, wie es für seine Verdauung benötigt. Falls es in der Zwischenzeit unzufrieden oder unruhig wird, wissen Sie, dass es nicht Hunger sein kann und können andere Beruhigungsarten ausprobieren. Was das Schlafen betrifft, können Sie ähnlich vorgehen: Wenn Sie Ihr Baby regelmäßig zu möglichst denselben Zeiten zu Bett bringen, wird es lernen, dass es Zeit für Erholung ist.

Zu wissen, was kommt, gibt Sicherheit und setzt Energien frei, die für die interessanten und neuen Wahrnehmungen verwendet werden können. Das bedeutet jedoch nicht, dass Sie die Rhythmen um jeden Preis durchsetzen müssen. Es wird immer, abhängig von den kindlichen Reaktionen und von seinen Zuständen (z.B. Krankheitsphasen), Ausnahmen und Abweichungen geben. Wenn ein Kind bereits mehrere Monate alt ist und noch keinen relativ regelmäßigen Rhythmus hat, wenn es darüber hinaus viel schreit, schlecht schläft, und wenn Sie selbst ein bisschen mehr Freiraum und Regelmäßigkeit in Ihrem Alltag brauchen, müssen Sie möglicherweise zunächst eine anstrengende, aufreibende Phase mit ihm durchstehen, bis es sich an die neue Lebensweise gewöhnt hat. Babys bevorzugen diesbezüglich immer das Vertraute und protestieren meistens recht energisch, wenn etwas geändert wird. Dies hat häufig zur Folge, dass die Eltern immer wieder schwach werden, alles Neue wieder rückgängig machen, um Ruhe zu finden, und den Teufelskreislauf dadurch noch bestätigen. In solchen Fällen ist es sinnvoll, sich kompetenten Rat und Unterstützung zu holen, eventuell bei einer der unter www.gaimh.de aufgelisteten präventiven Beratungsstellen in Ihrer Umgebung. Es ist dann nämlich notwendig, einiges zu beachten, was mit Ihrer individuellen Situation zusammenhängt. Auch kann die Begleitung durch eine erfahrene Fachperson Ihnen sehr viel Kraft geben, der Sie vermutlich in einer festgefahrenen Situation bedürfen.

Da unrhythmische Babys sehr oft empfindlicher sind und eine niedrigere Reizschwelle haben, wird man darüber hinaus für geringere Stimulationsintensitäten sorgen. In die Unterhaltungen mit ihnen wird man des Öfteren Pausen einfügen, in denen sie sich erholen können. Auch das elterliche Verhalten ist somit nicht unabhängig vom Verhaltensstil des Kindes. Im nächsten Kapitel wird der Zusammenhang zwischen kindlichen Temperamentsmerkmalen und Elternverhalten nochmals aufgegriffen werden.

5.6   Zusammenfassung

Temperamentsmerkmale kennzeichnen unterschiedliches Verhalten. Auf insgesamt neun Dimensionen lassen sich verschiedene Verhaltensstile beschreiben. Neugeborene und Säuglinge, die durch ihre Eltern eher als schwierig empfunden werden, haben arrhythmische Körperfunktionen, sie sind gegenüber Neuem nur erschwert anpassungsfähig, in ihren Verhaltensweisen ausdrucksstark, sie neigen zum Schreien und sind schwerer tröstbar. Unterstützende elterliche Bemühungen, einen Rhythmus zu finden, können den Umgang mit ihnen erleichtern.

Ein weiteres wichtiges Unterscheidungsmerkmal von Säuglingen ist ihre soziale Ansprechbarkeit. Je nach Ausprägung dieses Merkmals machen sie unterschiedliche soziale Erfahrungen, die in ihre zukünftigen Erwartungshaltungen eingehen. Die weniger ansprechbaren Babys sind dem Risiko ausgesetzt, in mehr negative Muster des Zusammenseins verstrickt zu werden, da sie durch ihre Zurückgezogenheit die Bezugspersonen verunsichern.

Das Verhalten der Eltern sollte dem individuellen Temperament des Kindes angepasst sein. Ich werde in Teil II, im nächsten Kapitel, sogleich wieder darauf zu sprechen kommen. Die Entwicklung eines Kindes ist eingebettet in die Beziehungen zu seinen Eltern. Das Kind entwickelt sich innerhalb dieser Beziehungen.

Das Zusammensein
von Eltern und Kind
(Eltern-Kind-Beziehungen)

Im zweiten Teil Ihres Begleiters befassen wir uns mit den Eltern-Kind-Beziehungen in der frühen Kindheit. Die Entstehung, der Aufbau dieser Beziehungen und ihre wichtigsten Bestimmungsstücke werden uns beschäftigen. Ich bin mir bewusst darüber, dass der Beziehungsaufbau bereits während der Schwangerschaft beginnt – eigentlich schon vor der Zeugung in den ersten Vorstellungen über das Kind seinen Ausgangspunkt hat. Die Geburt sehe ich nicht als einen Einschnitt, durch den sich plötzlich alles verändert, sondern eher als Markierungspunkt im Verlauf der Entwicklungen von Eltern, Kind und deren Beziehungen zueinander. Das Ereignis der Geburt setzt jedoch Potentiale frei, und die notwendige Anpassung an veränderte Bedingungen fordert Kind und Eltern heraus.

Entwicklungslinien, die einmal eingeschlagen wurden, ändern sich für gewöhnlich nicht so schnell, denn die Geburt an sich löst keine Konflikte und ändert keine Haltungen. Manche Partnerschaften geraten jedoch „auf Glatteis". Dieses Buch verfolgt das Ziel, solche Verläufe positiv zu beeinflussen, indem auf die Arbeit an den „tragenden Pfeilern" der noch im Aufbau befindlichen Eltern-Kind-Beziehungen hingewiesen wird.

Ich wende mich nun den Punkten zu, die die Qualität der frühen Beziehungen entscheidend beeinflussen. Hierbei nimmt die Partnerschaft der Eltern eine Mittelpunktsstellung ein. Aus diesem Grunde wird sie sehr ausführlich behandelt. Mit einem breiteren Wissen wird einfühlsames Verständnis einfacher.

6 Das Baby entwickelt sich in seinen Beziehungen

6.1 Die Bindungsbeziehung entsteht in der Phantasie

Lange Zeit, bevor ein Kind zur Welt kommt, meistens sogar schon vor seiner Zeugung, ist es in den Köpfen der Eltern bereits lebendig. Eltern entwickeln einen Kinderwunsch in der Regel bevor es zu einer Schwangerschaft kommt. Oft geht der Kinderwunsch bis in die eigene Kindheit zurück, in der man „Familie" spielte. Zu dem Zeitpunkt, an dem sich spätere Eltern zum ersten Mal ihr Kind vorstellen, werden die Anfänge der Beziehung zu ihm datiert, denn ihre Vorstellungen sind mit Gefühlen verbunden. Und im Abschnitt über die Bindungsbeziehung (Kapitel 4.3) haben Sie ja erfahren, dass die Bindung auf Gefühlen beruht.

Mit dem Eintritt einer Schwangerschaft werden Phantasien und Gefühle deutlicher. Im Idealfall fragen sich die werdenden Eltern dann nach einem Zusammenhang mit ihrer eigenen Kindheit. Es beginnt eine Entwicklung, die typisch ist für diese Phase: Besonders die zukünftige Mutter zieht sich in sich zurück, wendet ihr Interesse von der Außenwelt ab, um sich seelisch auf ihr Kind vorzubereiten. Sie begibt sich in den inneren Raum von Erinnerungen an ihre eigene Kindheit mit ihren eigenen Eltern und kann auf diese Weise ihre Geschichte (nochmals) „überarbeiten". Sie stellt sich selbst dabei zunehmend auch in ihrer neuen Rolle als Mutter in Beziehung mit ihrem Kind vor. Vieles davon verläuft unbewusst, was jedoch die Bedeutung für die Entwicklung der Beziehung zum Kind nicht schmälert. Zwiespältige, uneindeutige Gefühle, Ängste und Zweifel sind die normalen Begleiterscheinungen einer Schwangerschaft, da sie ja auch Nachteile beziehungsweise Risiken birgt.

Bei Männern kommt es zu einem Erleben, das dem der Frauen sehr ähnlich ist. Sie treten jedoch aufgrund ihrer anderen körperlichen Situation nicht so tief in die Welt ihrer Vorstellungen ein und sind mit der gegenwärtigen Wirklichkeit stärker verbunden.

Je deutlicher eine Mutter im Verlauf ihrer Schwangerschaft ihr Kind spürt, umso mehr gleicht sie ihre Vorstellungen von ihm mit der erlebten Wirklichkeit ab. Von großer Bedeutung ist dabei der Zeitpunkt, wenn die Kindsbewegungen zum ersten Mal wahrgenommen werden. Etwa ab der Mitte der Schwangerschaft ist dies der Fall. Nun wird das Kind erstmals als getrennt vom eigenen Selbst erlebt, und die Vorstellungen von ihm werden anschaulicher. Es können einzelne Körperteile des Kindes phantasiert werden, und es ist dies auch der Zeitpunkt, da dem Kind seelische Merkmale zugesprochen werden. Denn die Mutter nimmt zunehmend wahr, dass seine Bewegungen und Tritte nicht rein zufällig vorkommen, sondern Reaktionen auf die Umwelt darstellen. Ihre Gefühle zum Kind im Bauch verstärken sich dadurch.

Gegen Ende der Schwangerschaft werden die Phantasien der Mütter/Eltern noch feiner ausgestaltet: Sie stellen sich nun auch das Äußere des Kindes vor. Sie phantasieren ihr Kind mehr und mehr als Säugling auf ihrem Arm. Die Vorstellungswelt der Eltern, in der es überwiegend um das Baby und die Beziehung zu ihm geht, beeinflusst das ungeborene Kind und somit die tatsächliche Beziehung zu ihm. Eine Ablehnung der Schwangerschaft, Partnerschaftsschwierigkeiten, unbewältigte schwierige Kindheitserfahrungen und andere schwere Belastungen wirken sich auf die Gefühle zu ihm aus. Wenn eine werdende Mutter z. B. viel Unbewältigtes aus der eigenen Kindheit mit sich trägt, wird sie sich häufiger traurig oder depressiv fühlen, da sie unter ihrem negativen Selbstbild leidet. Positive Gefühle können sich so nicht wirklich entfalten. Vor allem über den Weg des gemeinsamen Blutkreislaufes teilt sich dem ungeborenen Kind durch die Stressreaktionen die Belastung der Eltern mit (Kapitel 1.2). Sie können jedoch dafür Sorge tragen, dass Ihr ungeborenes Kind weitgehend von den Auswirkungen der Belastungen geschont wird. Im ersten Kapitel wurden einige Möglichkeiten angesprochen. Menschen mit negativem Selbstbild fällt es meistens schwer, sich auf sich selbst, auf den eigenen Körper zu besinnen und sich selbst wahrzunehmen. Die Chance, die in einem inneren Gespräch mit dem noch ungeborenen Kind liegt, kann nicht genug betont werden. Doch können nicht alle sie ergreifen. Oft ist es die gesamte Lebenssituation, die eine ungünstige Entwicklung des Kindes fördert und die nur in kleinen Schritten und über lange Zeit mit viel Geduld und Zuversicht veränderbar ist. Die Geburt des Babys allein hat keinen Einfluss darauf.

Vorstellungen vom Kind, die sich im Zusammenhang mit einer eher zufrieden stellenden Lebenssituation der Eltern entfalten, werden sich demgegenüber günstig auf das symbiotische Zusammenleben von Mutter und Kind während der Schwangerschaft auswirken. Sie sind von angenehmen Gefühlen begleitet, die wiederum die körperlichen Vorgänge einer werdenden Mutter harmonisierend und ausgleichend beeinflussen.

6.2 Gemeinsames Erleben prägt die Beziehungen

Wie im Kapitel über die „Fähigkeiten von Neugeborenen und Säuglingen" (vgl. Kap. 3) ausgeführt wurde, zeigen schon Neugeborene durch ihre Vorliebe für Gesichter und Stimmen ein ausgesprochenes Interesse an der Gemeinsamkeit mit anderen. Dieses wird durch die angeborene Fähigkeit, sich von anderen als getrennt zu erleben, unterstützt. Lange bevor ein Kind „ich" sagen kann, ist es ihm möglich, zwischen sich und anderen Personen zu unterscheiden. Lange wusste man dies nicht. Es kommt nicht schlagartig dazu, sondern ganz allmählich, wie wir im dritten Kapitel sahen. Bereits bei Neugeborenen ist ein „auftauchendes Selbstempfinden" (Stern 2000, 50) vorhanden, die Voraussetzung für das Erleben eines Miteinanders, z. B. bei kleinen Unterhaltungen oder im Spiel. Der Austausch mit anderen macht dem Kind Spaß und vermittelt ihm intensive Gefühle.

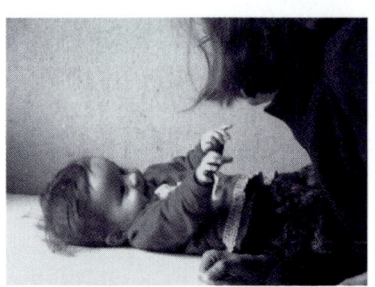

▲ Abb. 6.1: Lebendige Zwiegespräche fördern die Entfaltung von Gefühlen.

Das Baby bringt angeborene Fähigkeiten der Wahrnehmung, Nachahmung, Selbstregulation und ein Bedürfnis zum Lernen mit. Nach der Geburt werden all diese Voraussetzungen nun durch die Erwartungen und Reaktionen der Eltern beeinflusst.

Mit Unbekanntem vertraut zu werden (Neugier), Regelhaftigkeiten zu erkennen sowie Ereignisse zu kontrollieren und voraussagen zu können (Selbstwirksamkeit) sind die Motivationen für eine seelische Verarbeitung der Erfahrungen eines Kindes. Sie kann nur dann gelingen, wenn das Kind im emotionalen Austausch mit den Eltern sein kann. Denn die Eltern, ihre feinfühligen Reaktionen auf das Baby, sind ja – vor allem in der ersten Zeit – von wesentlicher Bedeutung für seine Verhaltensregulation, wie unter Punkt 4.2 erwähnt worden ist. Diese wiederum beeinflusst, wie gut ein neuer Eindruck, eine neue Erfahrung im Gehirn des Babys eingeordnet werden kann. Denn hierbei ist die Aktivität des kindlichen Nervensystems entscheidend. Eine zu geringe und eine zu hohe zentralnervöse Erregung behindert die Verarbeitung. Das Miteinandersein zwischen einem Baby und seinen Eltern führt dazu, dass solche Leistungen unterstützt werden.

Lassen Sie uns „unter einer Lupe" anschauen, was dabei in der ersten Zeit des Lebens eines Babys geschieht.

Eltern und Kind reagieren aufeinander

Die vorsprachlichen Unterhaltungen beginnen (wenn man vom vorgeburtlichen Gespräch mit dem Ungeborenen absieht) bei der Geburt und beruhen auf dem gegenseitigen Austausch von Signalen. Signale der Eltern wechseln mit denen des Kindes fortwährend ab. Das Kind schaut die Eltern an, und diese lächeln es an oder sprechen zu ihm. Mit zunehmendem Alter wird das Kind durch Laute antworten, mit den Eltern abwechselnd lautieren wie bei einem Gespräch usw. Wenn es unzufrieden ist, quengelt oder schreit es, und die Eltern versuchen, das dahinter stehende Bedürfnis herauszufinden. Wenn das Bedürfnis des Kindes gestillt ist, zeigt es wieder Signale der Zufriedenheit. – Das Ganze ist mit einem Tanz zu vergleichen, der aus einer Folge von Schritten besteht, die fein aufeinander abgestimmt sind. Die Schritte entsprechen den Signalen und dienen der gegenseitigen Verständigung. Je besser es gelingt, sich aufeinander abzustimmen, umso größer ist die Verständigung der Eltern mit ihrem Baby. Jeder ist dabei Auslöser für die Verhaltensweisen des anderen.

Die unterschiedlichen Beiträge von Eltern und Kind bestehen einerseits in der Fähigkeit zur Selbstregulation auf der Seite des Säuglings, und andererseits in der Fähigkeit der Eltern, diese Fähigkeit des Kindes intuitiv zu unterstützen, damit sie weiter reifen kann (Kap. 8). Das kindliche Verhalten ist abhängig von seinem Temperament und von seinem Reifungszustand. In das elterliche Verhalten fließen die Persönlichkeit der Eltern, ihre Zufriedenheit mit ihrer Partnerschaft und ihre Erfahrungen mit der eigenen Herkunftsfamilie ein. Dadurch sind ihre Einstellungen und Erwartungen gegenüber ihrem Kind geprägt sowie ihre Vorstellungen von einer Beziehung mit ihm.

Normalerweise unterstützen die Eltern das Kind in Bezug auf die Entwicklung seiner Selbstregulation, was im vierten Kapitel erörtert wurde. Sie haben intuitive Fähigkeiten, auf die sie zurückgreifen können. Vieles übernehmen sie zunächst für ihr Kind, da es selbst zahlreiche Dinge erst noch lernen muss. Die Eltern erkennen intuitiv die Bedürfnisse des Kindes und reagieren entsprechend darauf. Das Kind antwortet darauf mit Wohlbefinden, später mit Lächeln, Blickkontaktaufnahme etc., was auch bei den Eltern ein Gefühl der Zufriedenheit auslöst und sie zu positiven Signalen (Gesichtsausdruck, Lächeln, Sprechen, Zärtlichkeit) bewegt. Auf diese Weise kommt es zur positiven Gegenseitigkeit zwischen den Eltern und dem Kind. Beide Seiten sind dabei zufrieden. Sie können eine vergnügte Zeit miteinander erleben, was die Entwicklung einer sicheren Bindung fördert.

Neugeborene mit einer sehr unreifen Verhaltensregulation bzw. mit Temperamentsmerkmalen, die die Eltern als schwierig empfinden, verhalten sich anders als viele andere Babys. Sie haben meist einen sehr gering ausgebildeten Schlaf-Wach-Rhythmus, worunter die Eltern sehr leiden, da er sie erschöpft. Außerdem neigen sie zur Unruhe und schreien daher häufiger. Sie senden häufiger negative Signale, worauf die Eltern natürlich anders reagieren als auf positive. Da sie sich ein einfacheres Kind vorgestellt hatten, fühlen sie sich oftmals enttäuscht und entmutigt. Vieles, was sie für ihr Kind tun, führt (scheinbar) nicht zum gewünschten Erfolg. So können sich Muster, die durch negative Gegenseitigkeit charakterisiert sind, festfahren. Eltern und Kind bestärken sich bei negativer Gegenseitigkeit zunehmend in ihren negativen Signalen, da die unangenehmen Gefühle überwiegen. Sie lösen bei einander Verhaltensweisen aus, die in einen Teufelskreis münden. Die Eltern bemühen sich daraufhin häufig nur noch dann um ihr Kind, wenn es schreit. Wenn es sich gut fühlt, ruhig ist und gut gelaunt, lassen sie es zunehmend allein, da dies die einzige Zeit ist, in der sie selbst zur Ruhe kommen können. Auch haben sie Sorge, dass ihr Kind sofort wieder unzufrieden werden könnte, wenn sie den Kontakt zu ihm suchen würden. So lernt das Kind die Verbindung Schreien – Kontakt, und die Eltern tragen mit dazu bei, die negative Gegenseitigkeit aufrecht zu erhalten. Es wäre sinnvoller, trotz Müdigkeit, Erschöpfung und Frustration sich in den guten Phasen des Kindes mit ihm zu beschäftigen, um den Kreislauf zu unterbrechen und das Positive in der Beziehung zu hegen und zu pflegen. Auf diese Weise könnten sie ihrem Kind helfen, seine gute Stimmung mit Kontakt zu verknüpfen und sein Schreien mit Ruhezeiten. Auch die Eltern können auftanken, wenn sie ihr Kind in einem zufriedenen Zustand erleben und genießen.

▲ Abb. 6.2: Positive Gegenseitigkeit während des gemeinsamen Spiels mit dem Teddybär stärkt das Baby und seine Eltern und begünstigt eine sichere Bindung.

Gemeinsamkeit erleben nach dem ersten halben Jahr

Wenn sich das Baby ungefähr zwischen dem siebten und achten Lebensmonat verstärkt als getrennt von anderen erlebt, entdeckt es, dass es auch seine inneren Erfahrungen mit anderen teilen kann. Absichten (z. B. „ich will das Püppchen haben"), Gefühle („ich freue mich") sowie Gegenstände (z. B. gemeinsame Aufmerksamkeit auf Spielzeuge) können im Mittelpunkt des gemeinsamen Erlebens mit einer anderen Person stehen. Für die weitere seelische und zwischenmenschliche Entwicklung ist diese neue Erkenntnis von großer Bedeutung, denn sie ist Vorläufer einer wichtigen sozialen Fähigkeit, nämlich des Einfühlungsvermögens. Der Zeitpunkt, zu dem die beschriebenen Gemeinsamkeitserfahrungen erlebt werden können, wird vielfach auch als „Ausschlüpfen" bezeichnet. Babys werden nun als soziale Partner ernst genommen, da sie z. B. die Fähigkeit erworben haben, über ihren (egozentrischen) Horizont hinauszuschauen und die Blickrichtung einer anderen Person einzunehmen. Mit dem anderen ist nun eine Verbindung möglich, die auf gemeinsamen seelischen Erfahrungen beruht. Man könnte dazu auch „Mitteilen" oder „Teilen von Erfahrungen" sagen.

Gemeinsames Ausrichten der Aufmerksamkeit zeigt sich

beispielsweise darin, dass die Mutter mit dem Finger auf einen Gegenstand zeigt und der Säugling mit dem Blick folgt oder umgekehrt. Voraussetzung dafür ist das Wissen des Kindes, dass es seinen Blick von der Hand der Mutter abwenden und der Richtung ihres Fingers folgen muss. Entdeckungs- und Erfahrungsmöglichkeiten nehmen nun zu. Das Kind ist jetzt nicht mehr lediglich auf seine eigene Welt begrenzt, sondern es kann diese erstaunlich erweitern.

Durch die zuvor erreichten Fortschritte im Bereich der Bewegungsentwicklung (Krabbeln, Aufrichten) wird die Änderung der Sicht auf die Welt schon vorbereitet. Oft versichern sich Säuglinge im oben genannten Beispiel nochmals mit einem Blick zur Mutter zurück, ob sie tatsächlich „richtig" hingesehen haben. Sie versuchen also bewusst, eine gemeinsame Absicht zu verfolgen. Insgesamt kann man davon ausgehen, dass zu diesem Zeitpunkt ein Wissen darüber erreicht ist, dass der andere seine Aufmerksamkeit auf etwas anderes richten kann, als man selbst. Dass man den eigenen Mittelpunkt der Aufmerksamkeit mit dem des anderen in Übereinstimmung bringen kann, folgt daraus.

Eine andere Form des Gemeinsamkeitserlebens (Intersubjektivität) besteht in der Verständigung über Absichten. Der Säugling möchte z. B. einen Keks, der sich in der Hand der Mutter befindet und streckt ihr seine eigene Hand entgegen. Dabei macht er Greifbewegungen, blickt zwischen der Hand und dem Gesicht der Mutter hin und her und äußert eindringlich: „Äh, äh." Dazu gehört ebenfalls Wissen über den inneren Zustand der anderen Person (der Mutter), nämlich über ihr Verständnis für seinen Wunsch.

Die soziale Bezugnahme oder auch Vergewisserung des Säuglings ist eine dritte Variante des subjektiven Erlebens von Gemeinsamem. In einer unsicheren Situation schaut er zur Mutter, um sich zu vergewissern, was sie dabei empfindet. Er passt sich dann ihrem Gesichtsausdruck an. Hat die Mutter ein angstvolles Gesicht, wird er ängstlich und vermeidet die Handlung, über die er sich unsicher ist. Signalisiert die Mutter dagegen Vergnügen, dann geht er das Wagnis ein.

Ein gemeinsames Gefühl zu erleben ist im vorsprachlichen Entwicklungsstadium die vorherrschende Art und Weise des Austauschs. Die Eltern stimmen sich dabei auf das Gefühl des Kindes ein. Damit ist gemeint, dass sie sich in das Kind einfühlsam hineinversetzen und seine Gefühle widerspiegeln.

Ein Beispiel: Ein kleiner Junge schlägt auf ein Spielzeug ein. Dabei wirkt er zunächst ein wenig wütend, dann jedoch immer vergnügter und voller Spaß und Übermut. Er schlägt dabei in einem regelmäßigen Rhythmus. Seine Mutter steigt darauf ein, indem sie sagt: „Kaaaa-bam, kaaaa-bam". Mit „bam" betont sie den Schlag, und mit „kaaaa" begleitet sie die Aufwärtsbewegung und das erwartungsvolle Innehalten seines Armes vor dem Schlag. – In diesem Beispiel besteht die Spiegelung durch die Mutter in einer „Übersetzung" des kindlichen Gefühls. Der innere Zustand wird auf eine andere Weise nachvollzogen. Interessant und bedeutungsreich ist an dieser Art der Gemeinsamkeit, dass das, was hinter dem äußeren Verhalten liegt, hervorgehoben wird, nämlich der Charakter des gemeinsam erlebten Gefühls.

Das Gelingen des intersubjektiven Austausches ist für die seelischen Entwicklungen und für das seelische Wohlbefinden des Kindes von entscheidender Bedeutung, da es ihm grundlegende Sicherheitsgefühle vermittelt. Bedürfnisse nach Zugehörigkeit und Gemeinschaft sind möglicherweise die Antriebe zur Suche nach dem Teilen von Erfahrungen.

Zum Abschluss dieses Kapitels möchte ich Sie zu dem nächsten Übungsblock einladen:

Betrachten Sie bitte die nebenstehende Abbildung und bearbeiten Sie die folgenden Fragen:

▲ Abb. 6.3

1. Wie geht es diesem Baby in Abbildung 6.3?
2. Welche Signale sendet es aus?
3. Wie lautet seine Botschaft, übersetzt in Erwachsenensprache?

Ich sehe die Abbildung 6.3 folgendermaßen:

Dieses Neugeborene liegt ganz entspannt, ja schlaff an der Schulter der Mutter und fühlt sich wohl. Vielleicht wurde es gerade gestillt oder gefüttert, und es ist nun satt und befriedigt. So kann es noch für kurze Zeit ein Zwiegespräch mit der Mutter genießen. Das Baby ist im Blickkontakt mit ihr und ist sehr zufrieden. Es kann sein, dass es bald einschlafen wird.

Seine **Botschaft** lautet: „Ich fühle mich so wohl, wenn ich Dich so anschaue und merke, Du bist für mich da, lächelst und sprichst ganz freundlich mit mir."

Bitte betrachten Sie als nächstes Abbildung 6.4 und versuchen Sie wieder mit Hilfe der Fragen herauszufinden:

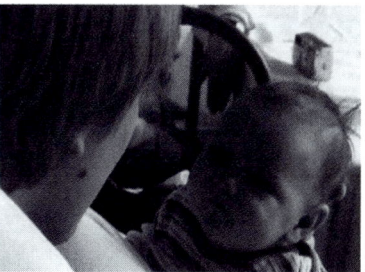

▲ Abb. 6.4

1. Wie geht es diesem Baby in Abbildung 6.4?
2. Welche Signale sendet es aus?
3. Wie lautet seine Botschaft, übersetzt in Erwachsenensprache?

Meine Sichtweise ist folgendermaßen:

Das Kind in Abbildung 6.4 fühlt sich nicht wirklich wohl. Denn es hat einen äußerst angespannten Gesichtsausdruck, an dem wir ablesen können, wie sehr es sich gerade anstrengt. Die Unterhaltung mit dem Erwachsenen scheint es sehr zu fordern. Es mustert offenbar das Gesicht der Person ganz genau, vielleicht ist diese Person ein wenig zu nah. Da es seinen Kopf sehr stark in den Nacken nehmen muss, um Blickkontakt zu halten, vermute ich auch, dass die Haltung für das Baby im Moment sehr anstrengend ist.

Die **Mitteilung** des Babys lautet: „Komm doch bitte ein wenig herunter, damit ich meinen Kopf besser halten kann. Ich bin so von Dir fasziniert, dass ich Dich gern weiterhin ansehen und mich mit Dir unterhalten möchte."

Als Nächstes betrachten Sie bitte die nebenstehende Abbildung. Orientieren Sie sich bei der Beurteilung des Bildes wieder an den Fragen und lesen Sie die Antworten erst dann, wenn Sie sie für sich beantwortet haben:

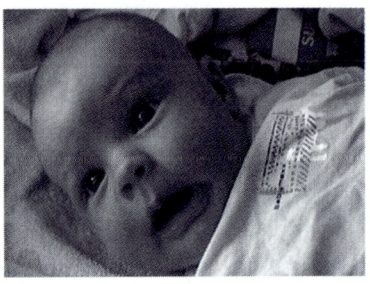

▲ Abb. 6.5

1. Wie geht es diesem Baby in Abbildung 6.5?
2. Welche Signale sendet es aus?
   (Bitte versuchen Sie einmal, seinen Gesichtsausdruck nachzuahmen und zu erspüren, wie sich das anfühlt.)
3. Wie lautet seine Botschaft, übersetzt in Erwachsenensprache?

Meiner Ansicht nach zeigt die Abbildung 6.5 Folgendes:

Es sieht so aus, als hätte diesem Baby gerade etwas einen Schrecken versetzt. Etwas Überraschendes muss plötzlich geschehen sein. Seine Augen sind weit geöffnet, es blickt dieses Etwas sehr interessiert an. Gleichzeitig ist der Mund sehr offen, die Mundwinkel aber nicht wie bei Freude oder Vergnügen nach oben gezogen, sondern sogar ein klein wenig nach unten. Das bedeutet, dass es in diesem Moment eher unangenehme Empfindungen erlebt. Es kann jedoch im nächsten Moment – wenn es das Überraschende, vielleicht Unbekannte, einordnen kann – ganz anders sein, und das Kind wird vielleicht zu lächeln beginnen. Doch im Augenblick wirkt es zunächst durch den Schreck unangenehm erregt. Es ist dennoch nicht eindeutig, was es erlebt. Die Offenheit des Gesichtchens und der etwas herabgezogene Mund widersprechen sich.

Das Baby sendet durch seinen Gesichtsausdruck die **Mitteilung** aus: „Oh! Was ist das? Das kam aber unerwartet und heftig! Bevor ich reagieren kann, muss ich zunächst einmal herausfinden, ob ich das schon kenne. Dafür brauche ich ein Weilchen, denn ich muss genau hinsehen und erforschen, ob es etwas Erfreuliches oder Unangenehmes ist. Es würde mir aber gut tun, wenn ich von Dir ein bisschen Beruhigungshilfe bekommen könnte."

Wie können Sie als Eltern dieses Kind ein wenig unterstützen?

Sie sollten zunächst einmal für kurze Zeit beobachten, wie sich der Gesichtsausdruck des Kindes und seine Körperhaltung verändern. Währenddessen würde es dem Baby gut tun, wenn Sie es mit sanften, beruhigenden Lauten und begleiten und zu ihm sprechen würden. Es kann zwar den Inhalt dessen, was Sie zu ihm sagen, noch nicht verstehen, doch es wird durch den Klang Ihrer Stimme, durch Ihre Tonlage erkennen, dass Sie mit Ihren Gefühlen ganz bei ihm sind. Dadurch kann es sich geschützt und sicher fühlen, es sei denn, das Überraschende ist sehr unbehaglich. Wenn Sie merken, das Kind kann sich nicht beruhigen (regulieren), es wird vielleicht immer verdrießlicher, entfernen Sie den Gegenstand, das Geräusch oder was immer so erregend wirkt.

Betrachten Sie nun Abbildung 6.6 und versuchen Sie bitte wieder, meine Fragen zu beantworten:

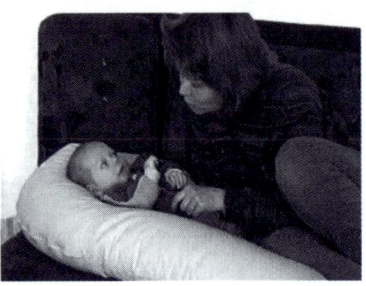

▲ Abb. 6.6

1. Wie geht es diesem Baby in Abbildung 6.6?
2. Welche Signale sendet es aus?
3. Wie lautet seine Botschaft, übersetzt in Erwachsensprache?

Ich sehe die Abbildung 6.6 so:

Auch in diesem Bild fühlt sich das Kind durch irgendetwas irritiert und daher skeptisch. Es wirkt fast etwas zornig, wenn man seinen Gesichtsausdruck anschaut. Die Brauen sind in der Mitte zusammen gezogen. Das gesamte Gesichtchen, Augen und Mund erscheinen etwas nach unten gezogen. Der Blick aus den Augenwinkeln drückt Abwehr aus. Auch die Hand- und Armhaltung erscheint mir angespannt und abwehrend.

Dieses Baby sendet die **Botschaft:** „Was soll denn das? Wenn das so weiter geht, muss ich mich wohl wehren und deutlich zeigen, dass mir das nicht gefällt."

Wie können Sie als Eltern diesem Kind helfen?

> Wir wissen aufgrund des Bildes allein nicht, was genau dem Kind nicht behagt. Möglicherweise hat es das Bedürfnis, mehr Raum zu haben. Dann sollten sie sich ein wenig aufrichten, etwas mehr Distanz einnehmen und schauen, wie es nun reagiert.
>
> Vielleicht äußert die Mutter auch Laute, die dem Baby vom Klang her unangenehm sind. Ein Wechsel der Tonlage und der Melodie wäre dann sinnvoll.
>
> Es kann natürlich auch hier möglich sein, dass das Kind sich durch die vorangegangene Unterhaltung und Stimulation erschöpft zu fühlen beginnt und nun eine Auszeit benötigt. Dann sollten Sie nichts mehr tun, lediglich beobachten, was es Ihnen für Signale sendet.

Betrachten Sie nun bitte noch die Abbildung 6.7! Erinnern Sie sich an die Fragen, bevor Sie mit dem Lesen der Antworten fortfahren:

▲ Abb. 6.7

1. Wie geht es diesem Baby in Abb. 6.7?
2. Welche Signale sendet es aus?
3. Wie lautet seine Botschaft, übersetzt in Erwachsensprache?

Abbildung 6.7 zeigt meines Erachtens:

> Dem Baby geht es gerade gar nicht gut, es fühlt sich sehr unbehaglich. Man kann deutlich erfassen, wie es durch seine Laute intensiv Protest äußert. Sein Gesichtsausdruck wirkt sehr leidend, die Züge sind nach unten gezogen. Auch seine gesamte Körperhaltung signalisiert höchste Anspannung und Abwehr. Insbesondere die Armchen sind mit großer Spannung angewinkelt, und die Händchen zu Fäustchen geballt.
>
> Das Kind sendet die dringende **Mitteilung**: „Nein! Nicht so! Lass das doch! Das ertrage ich nicht!"

Wie könnten Sie diesem Kind helfen?

> Wir können auch diesem Bild nicht entnehmen, welche konkreten Einflüsse das Baby durch seine Äußerungen abwehren will. Daher kann ich nur wiederholen, was ich bereits in Bezug auf die vorige Abb. 6.6 sagte: Es kann sein, dass das Baby mehr Raum und Abstand benötigt oder dass die Art und Weise der Mutter, mit ihm zu sprechen, ihm unangenehme Empfindungen verursacht.
>
> In diesem Bild könnte zusätzlich hinzukommen, dass sich das Baby in der offenen Haltung nicht wohl fühlt. Es möchte vielleicht lieber geborgener und geschützter umfasst werden, am Körper der Mutter gehalten, um sich entspannen zu können.

6.3   Zusammenfassung

Bereits zum Zeitpunkt des Kinderwunsches entstehen erstmals innere Bilder über ein Kind in der Phantasie der Eltern. Eine Beziehung zwischen ihnen und ihrem Kind beginnt dann in ihren Vorstellungen zu existieren. All diese Vorstellungen treten zu Beginn einer Schwangerschaft in den Vordergrund und werden zu Erwartungen. Sie sind abhängig von der Situation der Eltern und beeinflussen das Kind in seiner Entwicklung. Sobald die ersten Kindsbewegungen spürbar werden, wird ein Abgleich zwischen dem vorgestellten und dem tatsächlichen Kind notwendig. Auf diese Weise entwickelt sich eine Gefühlsbeziehung im Verlauf einer Schwangerschaft. Sie beruht auf dem Austausch von Gefühlen mit dem ungeborenen Kind, der über den gemeinsamen Blutkreislauf, das Spüren des Kindes sowie über eine innere, gedankliche Kontaktaufnahme stattfindet.

Nach der Geburt des Kindes sind die Eltern-Kind-Beziehungen durch die Art und Weise ihres Umgangs miteinander geprägt. Das Kind bringt als Voraussetzungen angeborene Fähigkeiten des sozialen Austauschs mit und erst später erste Ansätze zur Selbstregulation. Die gemeinsam erlebten Situationen sind dadurch gekennzeichnet, dass Eltern und Kind wechselseitig aufeinander reagieren. Der Austausch von Signalen kann gelingen oder misslingen. Gelingt er, so fördert dies die Entwicklung der Eltern-Kind-Beziehungen und die kindliche Selbstregulation. Zur negativen Gegenseitigkeit kommt es häufig bei Kindern, deren Regulationsfähigkeiten noch nicht ausreichend ausgereift sind. Die Eltern sind dann oft überfordert. Die erschöpften Eltern sollten dennoch versuchen, in den guten Zeiten mit ihrem Baby eine positive Gegenseitigkeit zu erreichen, um den ungünstigen Phasen des Miteinanders etwas entgegenzusetzen.

Nach dem ersten halben Lebensjahr hat sich die Welt eines Säuglings weitreichend verändert. Er ist dann zu neuen Erfahrungen von Gemeinsamkeit in der Lage: Die Blickrichtung einer anderen Person kann eingenommen werden, er kann sich über Absichten verständigen und gemeinsame Gefühlszustände erleben. In unsicheren Situationen zeigt er das Bedürfnis nach Rückversicherung bei den Eltern.

Die Reaktionen der Eltern auf das, was das Kind tut und was es interessiert, tragen andererseits dazu bei, wie sich ein Kind in seinem Verhalten, Denken und Fühlen weiterhin entwickeln wird, welche Bedeutung es den Ereignissen zuschreiben wird und welche Antriebe sich stärker oder schwächer ausprägen werden. Für eine positive und sichere Bindungsentwicklung hat es sich als besonders wichtig herausgestellt, feinfühlig auf das Kind zu reagieren. Der Feinfühligkeit der Eltern wird nun ein weiteres Kapitel gewidmet.

7 Feinfühligkeit der Eltern

7.1 Was ist Feinfühligkeit?

Das Einfühlungsvermögen von Eltern in ihren Säugling während der Phasen, die sie gemeinsam verbringen, wurde schon im Kapitel über die Bindungsentwicklung erwähnt. Die Erforschung der Entwicklung von Eltern-Kind-Beziehungen in den ersten Lebensjahren hat gezeigt, dass das elterliche Einfühlungsvermögen in den Säugling einen bedeutenden Einfluss auf den weiteren Verlauf der Beziehungsgestaltung nimmt. In der Fachsprache spricht man von „Sensitivität" und meint damit nach einer Definition von Ainsworth (1974):

> die angemessene Wahrnehmung und
> richtige Deutung der kindlichen Signale
> sowie ihre prompte und
> eine passende Beantwortung.

Damit in Verbindung steht der Begriff der Antwortbereitschaft: Einfühlsam reaktionsbereit ist eine Mutter oder ein Vater, die oder der einfühlsam auf ihr/sein Kind reagiert. Wie kann man sich das vorstellen?

Die Mutter (nachfolgend wird der Einfachheit halber nur noch die Mutter erwähnt; der Vater ist an den entsprechenden Textstellen jedoch ebenso gemeint) lässt sich durch die Signale ihres Kindes leiten und versetzt sich immer wieder in das Kind hinein, spürt seinen Zustand einfühlsam nach. So kann sie rechtzeitig erkennen, wie sie ihr Kind unterstützen kann, ohne es fortwährend zu kontrollieren oder sein Verhalten zu steuern. Sie kann sprachlich (z. B. durch eine Aufforderung wie „Guck mal") oder körpersprachlich (z. B. durch Anreichen eines Spielzeugs) Einfluss nehmen. Sie achtet darauf, was das Kind gerade tut, beobachtet seine Blickrichtung und woran es Spaß hat. Aufmerksame Zurückhaltung und unterstützendes Verhalten kennzeichnen angemessenes mütterliches Verhalten während des Spiels mit einem Baby. Sie können es durch zeitweilige Beobachtung einfach besser kennen lernen und geben ihm dadurch den Raum, den es braucht, um sich selbst zu erleben, zu äußern und zu entwickeln. Sprachliche Begleitung, sofern das Kind nicht durch ununterbrochene Äußerungen oder Ausrufe überfordert wird, wirkt auf der Gefühlsebene unterstützend und unterstreicht den Gemeinsamkeitscharakter des Zusammenseins. Hierbei ist das Sprechen in Babysprache ganz besonders interessant für den Säugling (Kapitel 8.1).

Die Feinfühligkeit ist nicht mit Überfürsorge zu vergleichen, da dem Kind nichts abgenommen wird, was es selbst tun könnte. Sie beinhaltet die Förderung der kindlichen Selbstständigkeit.

7.2 Elterliche Feinfühligkeit und das Weinen des Babys hängen zusammen

Wenn man auf das Weinen des jungen Säuglings behutsam eingeht, ist das keine Verwöhnung, sondern es ist eine notwendige Antwort auf die negativen Signale des Kindes. Auch heutzutage noch ist die Ansicht weit verbreitet, man könne sein Kind verwöhnen, wenn man auf sein Schreien immer reagiere. Doch schon in den siebziger Jahren des zwanzigsten Jahrhunderts wurden solche Einstellungen durch Forschungen widerlegt. Beobachtungen zeigten, dass gerade diejenigen Babys später unzufriedener und quengeliger waren, deren Schreien im ersten Vierteljahr nicht feinfühlig beantwortet worden war. Im Gegensatz dazu entwickelten diejenigen, auf deren Weinen die Mütter feinfühlig reagiert hatten, mehr Ausgeglichenheit und Zufriedenheit.

Die Reaktion auf das kindliche Schreien entspricht einer Unterstützung seiner Selbstregulation (Kap. 3). Später, nach dem ersten Entwicklungsschub, etwa mit einem halben Jahr, erhält das Schreien einen anderen Charakter. Es wirkt bewusster und gezielter und wird als Ausdruck eines frühen Willens des Kindes erlebbar. Wenn ein Baby zu diesem Zeitpunkt in der Entwicklung seiner Selbstregulation und Selbstberuhigung Fortschritte gemacht hat, kann man ihm allmählich mehr zumuten. Doch in den ersten Lebensmonaten, in denen Säuglinge ja noch mit körperlichen Anpassungsschwierigkeiten an die veränderte Umwelt zu kämpfen haben, ist das feinfühlige Beantworten des kindlichen Schreiens für seine weitere Entwicklung fundamental.

7.3 Temperament des Kindes und Einfühlsamkeit der Eltern

Abhängig vom Entwicklungsstand und den damit verbundenen kindlichen Fähigkeiten sowie vom Aufmerksamkeitsniveau, von den Bedürfnissen und von der gegenwärtigen Stimmungslage des Kindes kann Feinfühligkeit ganz unterschiedliche Bedeutung für die Eltern haben. Um für das Kind optimale Entwicklungsvoraussetzungen herzustellen, ist es notwendig, in Bezug auf äußere Reize die Umwelt des Kindes so zu gestalten, dass sie weder über- noch unterfordernd wirkt. Sowohl Dauer, Stärke und Tempo der Reizeinwirkung, als auch der Abwechslungsreichtum und ihr Anforderungscharakter sollten auf den Aufmerksamkeitszustand des Kindes abgestimmt sein. Passiver oder aktiver Wachzustand ist für eine Darbietung von Reizen optimal.

Wenn das Baby sich konzentrieren kann, und seine Bereitschaft zur Unterhaltung oder zu einem Spiel durch sein Blickverhalten signalisiert, können die Eltern ihm einen Gegenstand zeigen oder – wenn es schon greifen kann – geben. Solange es sich für diesen interessiert, was es zeigt, indem es nachschaut und den Gegenstand berührt, ist es nicht sinnvoll, einen weiteren Gegenstand in das Aufmerksamkeitsfeld des Kindes zu bringen. Doch wenn deutlich wird, dass sein Interesse nachlässt (Umherblicken, Suchen nach anderen interessanten Anregungen, keine Konzentration mehr auf den Gegenstand), ist es möglicherweise angebracht, für eine Abwechslung zu sorgen. Bei Müdigkeitssignalen wie Gähnen und Reiben der Äuglein ist es nicht angemessen, ein Baby mit Umweltreizen anzuregen, da es überfordert würde. In diesem Fall sollte eher für Ruhe und baldigen Schlaf gesorgt werden.

Auch das kindliche Temperament beeinflusst das Begriffsverständnis von elterlicher Feinfühligkeit. Um zwei Extreme aufzuzeigen: Ein eher aktives Kind benötigt weniger Anregungen als ein weniger aktives Kind. Es ist in der Lage dazu, sich seine Anregungen weitgehend selbst zu schaffen. Es zeigt durch Bewegungen und Laute lebhaft, woran es Interesse hat. Würde man hingegen einem weniger aktiven Kind keine Angebote machen, so würde es sich mehr und mehr in sich zurückziehen und könnte aufgrund eines Mangels an Umwelterfahrungen in seiner Entwicklung gehemmt werden.

Das im fünften Kapitel beschriebene Temperament von unruhigen, empfindlichen Säuglingen, das für viele Eltern schwierig ist, kann sich negativ auf die Feinfühligkeit der Eltern auswirken. Durch Unruhe und vermehrtes Schreien des Kindes werden Eltern in der Regel selbst nervös, was ihre Einfühlsamkeit deutlich beeinträchtigt. Leicht kann daraus ein Teufelskreis entstehen, denn durch Missverständnisse steigt die Nervosität auf beiden Seiten. Die Eltern werden unzufriedener, da sie sich verantwortlich für die Unzufriedenheit des Kindes fühlen. Sie können von zunehmenden Versagensgefühlen und Ohnmacht überwältigt werden. Für die positive Wendung einer solchen Situation ist es ganz entscheidend, dass die Eltern sich selbst regenerieren.

Unruhige und zum Schreien neigende Kinder, die insgesamt eine höhere Erregung ihres Nervensystems aufweisen, können durch starke und sehr abwechslungsreiche Stimulation noch mehr in ihrer Unruhe bestärkt werden, auch wenn sie sich dadurch kurzzeitig beruhigen. Tatsächlich wird ihre Erregung jedoch hoch gehalten. Somit bleibt ihre Unruhe bestehen. Dies zeigt sich in der nur kurzfristigen Beruhigungswirkung von abwechslungsreichen, intensiven Spielphasen. Aus der Sicht der Eltern sind immer stärker werdende Reize notwendig, um dasselbe Beruhigungsergebnis zu erzielen. Doch was in Wirklichkeit erreicht wird, ist eine andauernde starke Belastung des kindlichen Nervensystems. Um ihre Selbstregulation zu unterstützen, brauchen unruhige Säuglinge beruhigende Stimulation. Das bedeutet, dass sie mehr Einfühlsamkeit benötigen als andere Säuglinge, damit z. B. frühe Zeichen von Ermüdung oder Unlust erkannt und entsprechend beantwortet werden können. Viele dieser Säuglinge verfügen nicht über die Mechanismen, die ihnen dabei helfen, sich selbst „herunterzufahren". Diese sind ganz besonders dann von Bedeutung, wenn es darum geht, in den Schlafzustand zu wechseln oder sich zu beruhigen, wenn etwas Aufregendes passiert. Solche Unterstützung übernimmt am Anfang optimalerweise die Betreuungsperson, indem sie dem Kind Ruhe vermittelt. Möglichkeiten dazu sind: das Kind auf dem Arm sanft wiegen (nicht schaukeln!), eventuell sanft nach unten streicheln oder in der Tonhöhe abfallende Laute in ruhigem Tonfall äußern. Wichtig ist, dem Kind die eigene innere Ruhe und Sicherheit zu vermitteln und alle äußeren Reize zu drosseln. Eltern, die einem überforderten, schreienden Baby helfen möchten, können sich auf diese wenigen regulationsunterstützenden Maßnahmen beschränken.

In den folgenden Übungsbeispielen können Sie einmal Ihre elterliche Feinfühligkeit selbst einsetzen:

Bitte betrachten Sie die untenstehende Abbildung und Versuchen Sie bitte, die folgenden Fragen zu beantworten – so wie Sie es bereits kennen gelernt haben.

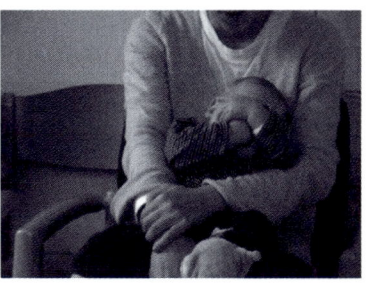

▲ Abb. 7.1

1. Wie geht es wohl diesem Baby?
2. Durch welche konkreten Verhaltensweisen und Signale bringt es sein Befinden zum Ausdruck?
3. Bitte übersetzen Sie seine Botschaft in Erwachsenen-Sprache.

Lesen Sie erst dann weiter, wenn Sie alle Fragen vollständig bearbeitet haben.

Meine Erklärung lautet:

Dieses Kind reibt sich, während es quengelt und schreit, die Äuglein. Das bedeutet, dass es müde ist. Vielleicht hat es vor einiger Zeit auch schon einmal gegähnt. Das Gähnen ist immer das erste Zeichen, noch bevor ein Baby so gereizt reagiert wie in diesem Bild. Es wird sehr leicht übersehen.

Die **Botschaft** dieses Babys lautet: „Ich bin todmüde und brauche dringend Schlaf. Hilf mir dabei, mich zu beruhigen, um einschlafen zu können."

Wie könnten Sie als Eltern darauf reagieren?

Wenn ein Säugling bereits in einem überreizten Zustand ist wie das Kind im Bild, wird es schwierig sein, ihn zu beruhigen. In einer solchen Situation sind Eltern gefordert, selbst viel Ruhe zu vermitteln und trotz länger anhaltenden Schreiens und Nörgelns nicht die Geduld zu verlieren. Selbst die eigene Ruhe zu bewahren ist nun sehr wichtig, da letztendlich die innere Ruhe der Eltern für die Beruhigung des Babys ausschlaggebend ist. Das Kind spürt beim Aufnehmen und im Körperkontakt mit den Eltern ihre Ruhe und beruhigt dadurch sich selbst.

Dieses Baby sollte die Möglichkeit bekommen, für eine kurze Weile (wenige Minuten) den beruhigenden Körperkontakt mit seiner Mutter oder seinem Vater zu spüren und dann unverzüglich ins Bettchen gebracht werden, damit es einschlafen kann. Um ihm das Einschlafen zu erleichtern, sollte der Raum abgedunkelt und von äußeren Reizen abgeschirmt werden, die Tür und eventuell die Fenster geschlossen werden, damit auch Geräusche das Baby nicht stören können. Die Eltern sollten, während es bereits in seinem Bettchen liegt, dabei bleiben bis es sich beruhigt hat. Dabei können sie es sanft streicheln und in abfallender (beruhigender) Tonlage leise zu ihm sprechen oder singen.

Es wäre nicht angemessen, das Kind jetzt zu stillen oder zu füttern, um es zu beruhigen, denn so würde es lernen, das Einschlafen mit dem Essen oder Trinken zu verknüpfen und hätte keine Möglichkeit, seine eigene Methode der Selbstberuhigung und des Abschaltens zu entwickeln.

Wenn Sie selbst unsicher und nervös sind, weil Ihr Baby weint oder schreit, kann es auch sinnvoll sein, jemanden, der Ruhe ausstrahlt, zu bitten, es zu beruhigen.

Betrachten Sie nun bitte Abbildung 7.2 und stellen Sie sich wieder die drei Fragen:

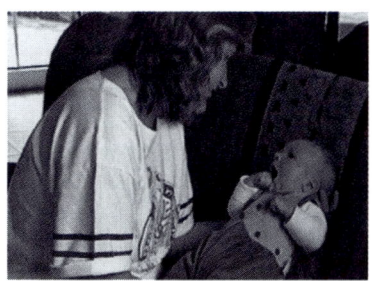

▲ Abb. 7.2

1. Wie geht es wohl diesem Baby?
2. Durch welche konkreten Verhaltensweisen und Signale bringt es sein Befinden zum Ausdruck?
3. Bitte übersetzen Sie seine Botschaft in Erwachsenen-Sprache.

In der Abbildung 7.2 kommt nach meiner Auffassung Folgendes zum Ausdruck:

Das Baby wirkt angespannt. Es hält zwar den Blickkontakt mit seiner Mutter, doch man kann an der Haltung seiner Ärmchen sehen, dass es gerade sehr angestrengt ist. Die Schultern sind dabei hochgezogen. Die Händchen sind zu Fäusten geformt, ein Zeichen, auf das ich im dritten Kapitel (vgl. 3.2) hingewiesen hatte. Es bedeutet Aufregung oder Spannung. Das Baby berührt auch mit seiner rechten Faust seinen geöffneten Mund. Es möchte seine Hand oder sein Däumchen gern in den Mund führen, um daran zu saugen. Im vierten Kapitel (vgl. 4.2) hatte ich darüber geschrieben, dass das Saugen an den eigenen Fingern oder Händchen eine wichtige Fähigkeit des Babys ist, um sich selbst zu beruhigen (Selbstregulation). Deshalb kann angenommen werden, dass das Baby in der Abbildung durch irgendetwas sehr gefordert ist.

Seine **Mitteilung** gegenüber der Mutter lautet somit: „Ich bin im Moment ziemlich angestrengt und brauche ein wenig Unterstützung von Dir."

Wie könnten Sie als Eltern in dieser Situation hilfreich reagieren?

Wir wissen nicht genau, wodurch das Baby angestrengt ist. Es ist möglich, dass es sich durch die offene Haltung unsicher fühlt oder dass es jetzt einfach nach einem längeren Zwiegespräch mit seiner Mutter viele Reize zu verarbeiten hat (Blickkontakt, Stimme und Sprache, Mimik). Natürlich können auch beide Gründe gleichzeitig vorliegen und dazu führen, dass das Baby im Augenblick eine Pause zum Abschalten benötigt.

Als Eltern sollten Sie ausprobieren, ob das Kind durch eine Änderung der Haltung wieder gelöster wird. Durch Umfassen seines Körpers, im Körperkontakt mit Ihnen, fühlt es sich vielleicht geborgener und körperlich unterstützt, so dass es loslassen kann. Gleichzeitig ist auch hier wieder eine Zeit des Beobachtens zu empfehlen, in der Sie als Eltern sich zurückhalten, ruhig werden. Schauen Sie doch einfach, ob die Anspannung des Babys hierdurch nachlässt. Zudem könnten Sie auch eine kleine Unterstützung leisten, indem Sie das rechte Händchen des Kindes so führen, dass es seinen Mund erreicht und das Baby daran saugen kann. Diese Geste vermittelt ihm die Erfahrung, wie es geht, und so kann es diese schwierige Koordinationsleistung später auch allein besser bewältigen.

Als Möglichkeit sollten Sie auch in Erwägung ziehen, dass das Baby einmal eine Zeitlang gern allein sein möchte, ohne Kontakt. In diesem Fall wäre es am besten, es auf seine Decke oder in sein Bettchen zu legen und zu sehen, wie es darauf reagiert.

Betrachten sie nun bitte noch die nebenstehende Abbildung, versuchen Sie, Antworten auf die Fragen zu finden, und lesen Sie erst danach die Erläuterung.

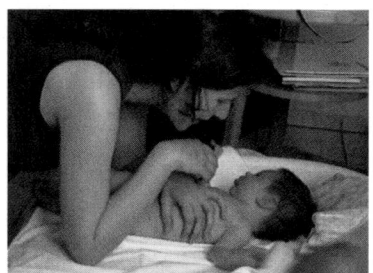

▲ Abb. 7.3

1. Wie geht es wohl diesem Baby?
2. Durch welche konkreten Verhaltensweisen und Signale bringt es sein Befinden zum Ausdruck?
3. Bitte übersetzen Sie seine Botschaft in Erwachsenen-Sprache.

Meiner Ansicht nach geschieht in Abbildung 7.3 Folgendes:

Das Kind in diesem Bild fühlt sich im Moment überlastet. Es wendet, wie deutlich zu sehen ist, seinen Kopf zur Seite, weg von seiner Mutter. Sein Gesichtchen ist verschlossen und ernst. An der Unschärfe seines linken Ärmchens können wir erkennen, dass es in heftiger Bewegung ist. – Tatsächlich kann man auf dem Videoausschnitt, aus dem dies Bild entnommen ist, beobachten, dass das Baby unentwegt sein Köpfchen von einer Seite auf die andere dreht und dabei seine Ärmchen mitbewegt. Das bedeutet, dass es intensiv versucht, aus dem engen Kontakt zu flüchten. Es verweigert den Blickkontakt aktiv, das heißt durch seine Muskelkraft und seine Bewegungen.

Es sendet die **Botschaft:** „Nein! Ich kann jetzt nicht mehr! Mir ist das alles viel zuviel!"

Wie sollten Sie als Eltern damit umgehen?

Es ist ganz einfach, und es gibt nur die eine Möglichkeit: Wenn Sie das beschriebene Signal wahrnehmen, lassen Sie Ihr Kind los, gehen Sie mit Ihrem Körper zurück, halten Sie Abstand, so dass es mehr Raum hat. Warten Sie eine Weile und beobachten Sie lediglich, was Ihr Kind nun als Nächstes signalisiert. – Nimmt es wieder Blickkontakt zu Ihnen auf? Damit zeigt es Ihnen, dass es wieder bereit dazu ist, den Kontakt fortzusetzen. Vielleicht wäre es beim Weiterspielen angebracht, sich nicht mehr ganz so nah zu Ihrem Kind herunterzubeugen. – Hält es sein Köpfchen weiterhin abgewandt? Das soll Ihnen sagen, dass es nun erschöpft ist und lieber für sich bleiben möchte. Dann sollten Sie sicherstellen, dass es nicht herunter fallen kann und nicht friert, um es für eine Zeitlang allein zu lassen. Möglicherweise wird es dann sogar einschlafen.

Sie können sicher gehen, dass es seinen Wunsch nach Kontakt und Zwiegespräch deutlich erkennen lassen wird, sobald sein Interesse daran erneut erwacht ist und es sich ausreichend erholt hat.

Bitte betrachten Sie nun Abbildung 7.4 und versuchen Sie zunächst zu beurteilen, was das Baby signalisiert, indem Sie sich an den Fragen orientieren:

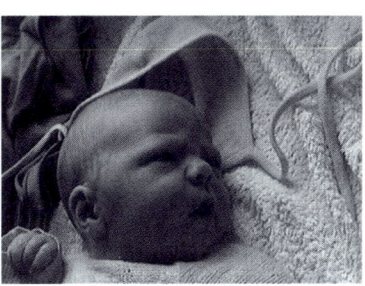

▲ Abb. 7.4

1. Wie geht es wohl diesem Baby?
2. Durch welche konkreten Verhaltensweisen und Signale bringt es sein Befinden zum Ausdruck?
3. Bitte übersetzen Sie seine Botschaft in Erwachsenen-Sprache.

Ich sehe in der Abbildung 7.4 Folgendes:

Das Baby im Bild fühlt sich sehr neugierig und ist gleichzeitig skeptisch. Seine Aufmerksamkeit ist auf etwas außerhalb unseres Blickfeldes gerichtet, vermutlich auf etwas Unbekanntes, Neues. Seine Stirn ist stark gerunzelt, was darauf hinweist, dass das Baby geistig angestrengt arbeitet und seine Wahrnehmungen in bekannte Kategorien einzuordnen versucht. Die Gesichtszüge zeigen uns, dass es dieses wenige Wochen alte Kind damit gerade gar nicht so leicht hat. Die Augenbrauen sind zusammengezogen, so dass sein Gesichtsausdruck insgesamt etwas düster erscheint. Der Mund des Babys ist hingegen geöffnet. Der Wahrnehmungsgegenstand scheint also nicht eindeutig zu sein, sondern etwas Irritierendes zu beinhalten (z.B. eine Strichzeichnung des menschlichen Gesichtes, auf der ein Auge fehlt o.ä.). Darüber hinaus können wir beobachten, dass das Händchen des Kindes nicht geöffnet ist, was ja auch immer auf eine gewisse Anspannung hin deutet.

In Übereinstimmung mit dem kindlichen Gesichtsausdruck können wir die **Botschaft** entnehmen: „Ich bin gerade völlig von diesem Unbekannten, Uneindeutigen in Bann gezogen. Es passt nicht zu meinen bisherigen Erfahrungen, und deshalb strengt es mich sehr stark an."

Wie könnten Sie als Eltern das Kind in diesem Moment unterstützen?

Zunächst wäre einfach nur zu beobachten, ob die Anspannung des Kindes wächst oder ob es sich eher in Richtung Entspannung entwickelt. Dabei können Sie verständnisvoll und beruhigend mit ihm in Babysprache sprechen. Das Warten und Beobachten dient dem Zweck, Ihrem Kind eine Chance zu geben, diese Herausforderung selbst zu meistern und daraufhin eine Stärkung seiner Selbstwirksamkeit zu erleben. Dies würde ihm sehr gut tun.

Sollte sich die Anspannung jedoch allmählich in ein Missbehagen verwandeln, wäre es sicher sinnvoll, Sie würden den überfordernden Gegenstand einfach aus dem Blickfeld des Kindes entfernen. Dadurch könnten Sie für eine Entlastung sorgen und Ihr Kind vor übermäßiger innerer Erregung schützen. Mit eindeutigen, einfachen Dingen ist sein Interesse sicher leicht erneut zu wecken.

7.4 Zusammenfassung

Die angemessene Wahrnehmung und Deutung der kindlichen Signale, ihre prompte und angemessene Beantwortung sind die vier Aspekte der elterlichen Feinfühligkeit. Feinfühlige Eltern lassen sich in der Unterhaltung und beim Spiel vom Kind führen. Sie erspüren seinen Zustand und seine Bedürfnisse, indem sie sich in die Bedürfnisse und Gefühle des Kindes einfühlen. Feinfühlige Antworten auf das kindliche Schreien in den ersten Lebensmonaten unterstützen seine Selbstregulation. Dies bedeutet einen erheblichen Beitrag für die weitere Entwicklung des Kindes.

Temperamentsmerkmale des Kindes können allerdings zur Beeinträchtigung des elterlichen Einfühlungsvermögens beitragen. Missverständnisse, die dadurch bedingt sind, können sich zu einem Kreislauf beidseitiger Unzufriedenheit und negativer Gegenseitigkeit aufschaukeln. Unruhige Kinder oder Babys, die viel schreien, werden oftmals überreizt, was jedoch ebenfalls auf einem Missverständnis beruht. Sie benötigen mehr Einfühlungsvermögen der Eltern als andere Säuglinge und werden daher als anstrengend empfunden. Das Auffrischen der eigenen Kräfte auf Seiten der Eltern ist für einen feinfühligen Umgang mit dem Kind immer wieder notwendig.

Elterliche Einfühlsamkeit hängt eng mit dem intuitiven Handeln gegenüber dem Kind zusammen. Dies wird uns im nächsten Abschnitt beschäftigen.

8   Wie Eltern intuitiv richtig reagieren

Die Mutter sollte zum Spiel oder zu einer kleinen Unterhaltung mit dem Baby bereit sein; das ist ihre wichtigste Voraussetzung dafür, mit dem Kind einen Kontakt herzustellen. Dabei ist es in den meisten Fällen angemessen, sich vom Kind führen zu lassen. Das setzt Feinfühligkeit voraus. Diese wiederum steht in enger Verbindung mit der Fähigkeit, intuitiv auf die kindlichen Signale zu reagieren.

Was bedeutet es, intuitiv auf das Baby zu reagieren? Ist das immer möglich? – Darauf möchte ich nun ausführlich eingehen, auch wenn man meinen sollte, Intuition setze kein Wissen voraus.

8.1   Was sind intuitive elterliche Verhaltensweisen?

Es gibt eine Reihe von Verhaltensweisen, die – bei Erwachsenen und Kindern, und darüber hinaus in allen Kulturen der Welt – durch kindliche Signale direkt ausgelöst werden. Typisch sind die folgenden:

1. Das Sprechen in einer sehr vereinfachten Sprache, der **Baby- oder Ammensprache:** Hierbei werden überwiegend kurze Äußerungen gemacht (z. B. „Hallo"), die etwa eine bis drei Silben lang sind und die vor allem im Teil der Selbstlaute verlängert werden; Vereinfachungen treten auf („Wauwau" statt „Hund"), auch in der Grammatik; die Äußerungen haben wenig inhaltliche Information; Äußerungen in Babysprache sind leiser, langsamer, rhythmisch und in einer höheren Stimmlage; es wird eine größere Bandbreite von Tönen einbezogen und die Stimmlage um durchschnittlich drei Halbtöne angehoben, außerdem der Stimmumfang auf etwa zwei Oktaven erweitert; es treten viele Wiederholungen auf („jaja", „dada"); Betonungen werden übertrieben gesetzt, und die

Äußerungen sind eingerahmt durch eine Melodie. – Die Babysprache ist das am besten erforschte intuitive Verhalten. Sie wird als Vertreter der intuitiven Verhaltensweisen verstanden. Sie bedeutet für den Säugling eine Anpassung an seine körperlichen Voraussetzungen und ist daher optimal auf seinen Entwicklungsstand abgestimmt. Sie holt das Kind sozusagen dort ab, wo es hinsichtlich seiner Hör- und „Sprech"-Fähigkeiten gerade steht. Das kindliche Ohr ist auf hohe Frequenzen besonders gut vorbereitet, Rhythmus und Melodie leisten einen Beitrag, um die Erregung des Nervensystems zu regulieren, und der Inhalt des Gesprochenen ist noch unbedeutend. Erwachsenensprache ist daher weniger interessant und schon eher überfordernd. In einer Forschungsarbeit wurde ein Zusammenhang zwischen der mütterlichen Sprache und ihrer Einfühlsamkeit dem Baby gegenüber gefunden: Diejenigen, die vorwiegend in Erwachsenensprache zu ihrem Baby sprachen, waren weniger feinfühlig. Durch das Sprechen von Babysprache fühlen sich Eltern also in ihr Baby ein.

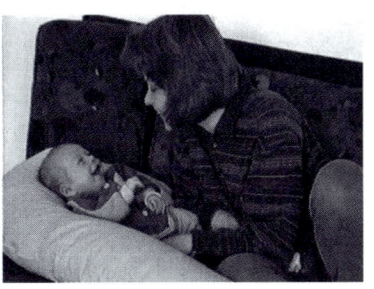

▲ Abb. 8.1: Das Baby reagiert mit vergnügten Lauten und fröhlichem Gesichtsausdruck, wenn die Mutter zu ihm in Babysprache spricht.

2. **Stimmliche und mimische Modelle:** Es kommt den noch unausgereiften Wahrnehmungsfähigkeiten des Säuglings entgegen, wenn Stimme und Gesichtsausdruck überbetont werden. Stark übertriebene Gesichtsausdrücke sowie das Vormachen von Lauten sind nämlich einfach zu erkennen. So können Lern- und Unterscheidungsvorgänge in Gang kommen. Bei der so genannten Gruß-Reaktion zieht die Mutter die Augenbrauen hoch und legt ihre Stirn in Falten, sie öffnet ihre Augen

weit. Mit geöffnetem Mund lächelt sie ihrem Kind zu und nickt schließlich kräftig mit ihrem Kopf – als Antwort auf die Aufnahme des Blickkontaktes durch das Kind. Auf diese Weise wird eine Unterhaltung eingeleitet und die kindliche Aufmerksamkeit gewonnen, wie bei einer Begrüßung.

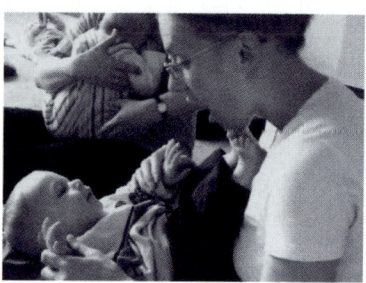

▲ Abb. 8.2: Sobald das Kind Blickkontakt aufnimmt, folgt eine Grußreaktion der Mutter.

3. **Optimaler Abstand** zum Gesicht des Babys von 21 bis 25 cm: Dieser Abstand entspricht dem Abstand, den man gewöhnlich beim Lesen eines Buches zu diesem einnimmt. Er entspricht ebenfalls dem anfänglichen Sehschärfebereich beim Kind und fördert somit die gegenseitige Verständigung. Er wird sogar von solchen Personen „automatisch" eingehalten, die glauben, ihr Kind könne noch gar nicht sehen.
4. **Nachahmen** und Zurückspiegeln kindlicher Reaktionen bestätigt die Selbstwahrnehmung des Kindes und trägt zur Entwicklung seines Selbstbewusstseins bei.
5. Das **Berühren der Mundregion und Öffnen der Händchen** durch die Mutter zielt auf die Erkundung der Muskelspannung beim Kind ab, die etwas über den Zustand der kindlichen Bereitschaft zur Gemeinsamkeit aussagt. Fest geschlossene Fäustchen beispielsweise sprechen für einen stark angespannten Zustand, in dem starke Anregung zur Überforderung des Kindes führen würde. Es würde unruhig werden oder zu schreien beginnen. Leicht geöffnete Händchen sprechen dagegen für einen optimalen Aufmerksamkeitszustand, wenn das Kind auch ansonsten wach erscheint.
6. **Beruhigen** durch sanfte rhythmische Reize: Rhythmisches Schaukeln, Streicheln und Beklopfen des Kindes werden von

Eltern eingesetzt, um Sicherheit und Beruhigung zu vermitteln.

7. Das **Bedürfnis, das Schreien des Säuglings zu beenden:** Säuglingsschreien löst unangenehme körperliche Begleiterscheinungen aus: Herz- und Atemrhythmus steigen an, die Schweißabgabe ist erhöht, gleichermaßen die Muskelspannung – man wird nervös und unruhig.

8. **Gemeinsame Spielchen,** wie z. B. „Guck-guck", machen Säuglingen nach der ersten Hälfte des ersten Lebensjahres großen Spaß, denn sie haben die Eigenschaft, bestimmte Fähigkeiten zu fördern.

9. Anregungsformen, die den kindlichen **Aufmerksamkeitszustand beeinflussen:** Herabgleitende Berührungen mit der Handfläche oder langsame, abfallende Sprechmelodie wirken dämpfend und beruhigend, aufsteigende Berührungsreize sowie ansteigende Sprechmelodie wirken anregend.

8.2 Was ist das Bemerkenswerte an den intuitiven Verhaltensweisen?

All den genannten Verhaltensweisen ist eigen, dass ihre Auslösung nahezu unbewusst – wie automatisch – verläuft; es ist dem Bewusstsein zumindest nicht unmittelbar zugänglich. Sie folgen in einem Zeitabstand von 200 bis 800 Millisekunden auf Signale des Babys. Gründe für ihre Auslösung liegen im Kindchen-Schema, im kindlichen Aussehen, in seinen Bewegungen und sonstigen Signalen, die ich Ihnen dargestellt habe. Wie bereits angeklungen, dienen sie dazu, die kindliche Verhaltensregulation und folglich seine Entwicklung zu unterstützen und zu fördern. Die Aufmerksamkeit und gefühlsmäßigen Zustände des Kindes werden durch elterliches Verhalten gesteuert. Das intuitive „Programm" ermöglicht eine optimale Regulation. Es gleicht die entwicklungsbedingten „Schwächen" des Kindes aus und gibt Anregungen, mit dem Ziel, seine Entwicklung zu unterstützen. Die Eltern tun das, was dem Kind aufgrund seines Reifungsstandes nicht möglich ist: Sie beruhigen es, sie nehmen es hoch, sie reichen ihm Dinge an, die es interessieren oder die es fallen lässt etc.

Die Tatsache, dass das intuitive Programm über alle Altersgruppen, Geschlechter und Kulturen hinweg beobachtet werden kann, lässt ein entwicklungsgeschichtliches Erbe annehmen. Dies spricht dafür, dass die Aufgaben einer Mutter grundsätzlich auch durch andere Personen übernommen werden können. Der Zusammenhang mit der Einfühlsamkeit wurde schon bei der Beschreibung der Babysprache erwähnt.

Zum Kennenlernen Ihrer eigenen Intuition bearbeiten Sie jetzt bitte neue Übungsbeispiele:

Betrachten Sie bitte die nebenstehende Abbildung und bearbeiten Sie folgende Fragen, bevor Sie fortfahren, meine Erläuterung zu lesen:

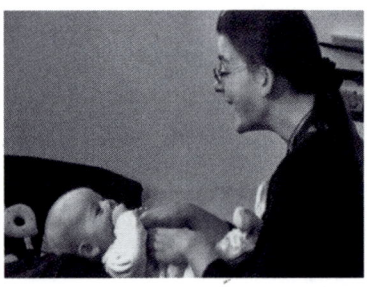

▲ Abb. 8.3

1. Wie fühlt sich dieses Kind jetzt gerade?
2. Welche Signale über sein Befinden sendet es aus?
3. Wie lautet seine Botschaft in Erwachsenen-Sprache?
4. Was fällt Ihnen am Verhalten seiner Mutter auf?

Mein Vorschlag lautet:

Dieses Baby ist sehr vergnügt, wie es durch sein lächelndes Gesicht signalisiert. Es findet alles ein wenig aufregend, denn es saugt an seinem Händchen.

Seine **Botschaft** lautet: „Ja, ja, weiter so, das ist lustig, es gefällt mir, mit dir zu scherzen und zu lachen."

Bei der Mutter können Sie das Nicken in der **Gruß-Reaktion** sehr schön sehen. Als das Kind den Blickkontakt zu ihr aufnimmt, grüßt sie, indem sie intuitiv ihren Kopf hebt, die Augen und den Mund weit öffnet, lächelt und gleichzeitig nickt.

Betrachten Sie Abbildung 8.4! Orientieren Sie sich bitte an den Fragen und überlegen Sie selbst, bevor Sie meine Ansicht des Bildes durchlesen:

▲ Abb. 8.4

1. Wie fühlt sich dieses Kind jetzt gerade?
2. Welche Signale über sein Befinden sendet es aus?
3. Wie lautet seine Botschaft in Erwachsenen-Sprache?

Meine Antworten lauten:

> Das Kind in der Abb. 8.4 wirkt etwas abwesend und nicht sehr interessiert. Dieser Eindruck entsteht durch seinen abgewandten Blick, den leicht zur Seite gedrehten Kopf. Mit der Blickabwendung signalisiert das Baby Desinteresse (vgl. Kapitel 3.2).
>   Seine **Mitteilung** lautet somit: „Ich brauche im Augenblick eine Auszeit, in der ich die Reize verarbeiten kann, die ich während der Unterhaltung mit Dir aufgenommen habe."

Bitte schauen Sie sich nun die Abbildung 8.5 an!

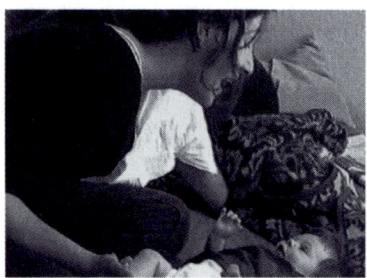

▲ Abb. 8.5

> 1. Wie geht es diesem Baby in Abbildung 8.5?
> 2. Welche Signale sendet es aus?
> 3. Wie lautet seine Botschaft, übersetzt in Erwachsenensprache?
> 4. Was fällt Ihnen am Verhalten der Mutter auf?

Mein Eindruck zu diesem Bild ist folgender:

> Das Baby zeigt durch den Blickkontakt, durch seinen offenen Mund und durch seine entspannte, offene Körperhaltung, dass es Lust auf eine Unterhaltung mit der Mutter hat. Es hat Interesse daran, das Gesicht der Mutter zu erforschen und ihre Stimme zu hören. Es wirkt ruhig und interessiert.
>
> Seine **Botschaft** lautet: „Was ich sehe und höre ist reizvoll. Dich anzusehen und Deine Stimme zu hören tut mir so gut. Deshalb möchte ich, dass Du weiter machst."
>
> Auch in diesem Bild können wir die **Gruß-Reaktion** der Mutter gut nachvollziehen. Sie hebt gerade ihren Kopf an, öffnet den Mund weit. Gleich wird sie den Kopf zu einem Nicken nach unten bewegen. All dies ist ihre Reaktion auf die Erwiderung des Blickkontaktes durch das Kind.

Betrachten Sie als nächste bitte die nebenstehende Abbildung und überlegen Sie folgende Fragen:

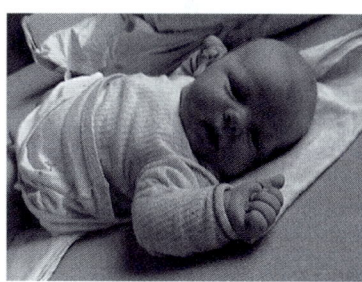

▲ Abb. 8.6

> 1. Wie geht es dem Kind in Abbildung 8.6?
> 2. Wodurch teilt es sich mit, welche Signale gibt es?
> 3. Wie würde seine Botschaft in Erwachsenensprache lauten?

Meine Antworten lauten:

> Dieses Kind zeigt durch die geschlossenen Fäustchen, dass es angespannt ist. Die Fäustchen sind ein subtiles Signal dafür, dass es durch irgendetwas überfordert ist.
> Seine **Botschaft** lautet: „Im Moment ist mir etwas zuviel, deshalb möchte ich mich nicht unterhalten."

Wie könnten Sie das Baby unterstützen?

> Um sich wieder entspannen zu können und Interesse am Kontakt zu entwickeln ist es bei diesem Signal notwendig, von äußeren Reizen abgeschirmt zu werden und auch nicht angesprochen zu werden. Als Eltern dieses Kindes sollten Sie versuchen, durch Beobachtung herauszufinden, was die Ursache der Spannung ist. Wenn möglich, sollten die Ursachen beseitigt und dafür gesorgt werden, dass mehr Ruhe möglich ist. Wenn es sich stabilisiert hat, die Händchen wieder für längere Zeit offen und locker hält, wird es von sich aus den Kontakt zu Ihnen wieder aufnehmen, indem es Ihnen den Blick zuwendet oder Sie beispielsweise anlächelt und lautiert.

8.3 Wann wird das intuitive Verhalten behindert?

Intuitives Verhalten ist eine Voraussetzung für eine gelingende, harmonische gemeinsame Zeit des Spiels oder der Unterhaltung mit einem Baby – sei es während des Fütterns, Wickelns, Waschens oder während einer reinen Spiel- und Unterhaltungszeit. Doch nicht immer und nicht allen Eltern und Betreuungspersonen ist dies möglich. Die Voraussetzung bei einer Person zu intuitivem elterlichen Handeln ist ein Zustand, in dem die eigenen frühkindlichen Erfahrungen erlebt werden können und Kontakt zum eigenen inneren Kind besteht. Einfühlung in das Kind benötigt diese Basis. Wenn die eigenen – vielleicht verletzenden und schmerzhaften – Kindheitserlebnisse und -gefühle blockiert sind, kann der Kontakt zum Baby nicht wirklich innig werden und zehrt die elterliche Energie auf. Wenn die Eltern ihre eigenen tieferen Gefühle vermeiden, bieten sie (Abwehr-)Kräfte auf, die ihrem Feingefühl dann nicht mehr zur Verfügung stehen.

Besonders Menschen mit depressiven Verstimmungen oder mit einer Depression haben Schwierigkeiten, auf ihre intuitiven Fähigkeiten zurückzugreifen, da sie mit großen seelischen Schmerzen konfrontiert wären. Auch Schwierigkeiten im familiären, partnerschaftlichen, freundschaftlichen oder beruflichen Bereich können zu Beeinträchtigungen führen. Stress, Erschöpfung, Ängste, schwierige Herkunftsfamilienerfahrungen und seelische Erkrankungen sind gleichermaßen als Risikofaktoren zu erwähnen.

Die „Heultage"

Zu traurigen Verstimmungen kommt es bei relativ vielen Frauen nach der Geburt. Das nachgeburtliche Stimmungstief oder auch der „Baby-Blues" bezeichnet ein kurzlebiges Stimmungstief in den ersten zehn Tagen nach der Entbindung, von dem ungefähr 50 bis 80 Prozent aller Mütter betroffen sind. Es entsteht meist in der ersten Woche. Als typische Kennzeichen dieses Stimmungstiefs gelten:

- Traurigkeit und häufiges Weinen,
- Empfindsamkeit und Stimmungsschwankungen,
- Müdigkeit und Erschöpfung,
- Schlaf- und Ruhelosigkeit,
- Ängstlichkeit und Reizbarkeit,
- Konzentrationsschwierigkeiten und andere.

Da es sich beim Baby-Blues um eine zeitlich begrenzte und häufig vorkommende Erscheinung handelt, gilt er als normal und relativ harmlos. Das sollte aber nicht zur Folge haben, ihm keine weitere Beachtung zu schenken. Am besten ist es, wenn die betroffene Frau in dieser Situation mit einer Person, die ihr verständnisvoll begegnet, darüber reden kann.

Wenn die schlechte Stimmung ungewöhnlich lange anhält (über zwei Wochen), kann sich daraus eine dauerhafte Depression entwickeln. Die nachgeburtliche Depression, von der ungefähr 10 bis 20 Prozent aller Mütter betroffen sind, kann jederzeit im ersten Jahr nach der Geburt eines Kindes entstehen. In den meisten Fällen tritt sie jedoch bis zum zweiten Monat nach der Entbindung auf. Es sind viele Abstufungen von leicht bis schwer zu unterscheiden. Typisch ist eine schleichende Entwicklung. Als Kennzeichen der nachgeburtlichen Depression geben die betroffenen Frauen an:

- Ich fühle mich zunehmend erschöpft.
- Nun ist mein Kind endlich da, und ich sollte glücklich sein, doch ich bin traurig und muss häufig weinen.
- Mein Körper reagiert anders, langsamer als vor der Geburt.
- Mein Essverhalten hat sich verändert.
- Ich muss mich anstrengen, um es allen recht zu machen.
- Ich möchte nicht, dass irgendjemand merkt, dass ich gerade dauernd überfordert bin.
- Früher war ich an allem interessiert, und heute lebe ich völlig lustlos und zweifle an meinen Fähigkeiten.
- Ich kann mich auf nichts mehr konzentrieren.
- Plötzlich überfällt mich eine Wut auf mein Kind.
- Ich bin müde, kann aber trotzdem nicht schlafen.
- Die Hoffnungslosigkeit bestimmt immer mehr mein Leben.

Wenn eine Mutter depressiv verstimmt ist oder unter einer Depression leidet, kann sie keine oder nur eingeschränkte Freude an ihrem Kind erleben. Sie wirkt in ihrem gesamten Ausdruck gehemmt und auf das Mindeste reduziert. Es fällt auf, dass solche Frauen wenig bis gar nicht auf die zum Teil nachdrücklichen Versuche ihrer Kinder, Kontakt aufzunehmen, eingehen. Das

Kind kann sie nur schwer erreichen. Sie haben Schwierigkeiten, mit ihrem Kind zu spielen und beschränken sich unter Umständen nur auf seine Pflege. Daher besteht die Gefahr, dass das Kind zu wenig gefühlsmäßige Zuwendung erhält. Depressive Mütter sprechen deutlich weniger oder gar nicht mit ihrem Kind, ihre Äußerungen sind nur sehr kurz. Wenn sie sprechen, tun sie dies sehr kontrolliert wie mit einem Erwachsenen. Sie können die Schwingungen ihres Kindes nicht aufgreifen und spiegeln wie andere Mütter, sondern bleiben gefühlsmäßig unnahbar. Auf Babysprache oder übertriebenes Ausdrucksverhalten (z. B. Gesichtsausdrücke) können sie sich nicht einlassen. Teilweise sind sie überhaupt nicht in der Lage, einen Kontakt zu ihrem Erleben herzustellen und erscheinen blockiert. Sie fürchten, von Gefühlen überwältigt zu werden. Deshalb müssen sie so reserviert bleiben.

Da das Kind einfach nur dadurch, dass es da ist, unvermeidlich an dieses Problem rührt, spitzt sich die Situation unter Umständen immer weiter zu, wenn eine Mutter mit solchen Schwierigkeiten keine Hilfe erhält. Sie benötigt am dringendsten eine Entlastung von ihren Schuldgefühlen, eine Versicherung, dass ihre Symptome aufgrund ihrer Überforderung verständlich sind. Ihre neue Aufgabe führt sie an den Rand ihrer Kräfte, da sie Höchstleistungen erfordert.

Um wieder in die Lage zu kommen, mit Vergnügen für ihre Kinder zu sorgen, benötigen Mütter „Zeitinseln" für sich selbst, in denen sie zur Ruhe kommen und ihren eigenen Interessen nachgehen können. Die Einstellung einer Haushaltshilfe ist vielen Erfahrungen nach das „Mittel der Wahl" und entlastet merklich von den alltäglichen Pflichten im Haushalt. Nach einem „Auftanken" ist es meist wieder für eine gewisse Zeit möglich, mit dem Kind einen Kontakt herzustellen, der beiden Spaß macht.

Wenn eine ausgesprochene Depression besteht, wird es in der Regel notwendig sein, fachliche Hilfe in Anspruch zu nehmen und einen Psychotherapeuten aufzusuchen, da eine schwerwiegendere und tiefer liegende seelische Problematik der Behandlung bedarf. Fachkundige Gesprächsführung ist hierbei fundamental und meist über einen längeren Zeitraum erforderlich. Heutzutage ist es möglich, auf diese Weise zu helfen. Auf den Internetseiten von „Schatten und Licht" (www.schatten-und-licht.de) finden Sie zahlreiche Adressen von Selbsthilfegruppen, Therapeuten, Kliniken und Beratungsstellen in ganz Deutschland, die sich mit Patienten, die unter einer Wochenbettdepression leiden, beschäftigen und auf diesem Gebiet fundierte Erfahrungen haben. Heutzutage gibt es auch in Deutschland bereits einige Kliniken, die Mütter mit ihren Babys für einige Wochen aufnehmen, um die Depression zu behandeln. Man zieht es inzwischen vor, die Mütter von den Babys nicht mehr zu trennen. Falls Sie einige Symptome der postpartalen Depression bei sich oder bei Ihrer Partnerin erkennen, sollten Sie sich nicht scheuen, offen und ratsuchend damit umzugehen. Hilfe ist möglich, und das Tabuisieren verlängert den Teufelskreis negativer Gegenseitigkeit zwischen Mutter und Kind sowie deren Leiden unnötig. Sie sind bestimmt keine Ausnahme.

Belastungen, die vom Kind ausgehen

Aber auch vom Kind selbst kann eine Beeinträchtigung ausgehen. Nämlich dann, wenn es zu früh geboren wurde, nach einer schweren Geburt einige Tage zur Erholung benötigt, oder wenn es von seinem Temperament her zu den Babys gehört, die vermehrt Einfühlsamkeit brauchen, die zu Unruhe und zum Schreien neigen. Der Stress, den die Eltern durch die Probleme mit einem Baby erleben, behindert ihr intuitives Verhalten. So erfährt das Kind einen Mangel an Regulationsunterstützung, wird noch unruhiger, was bei den Eltern zu erneutem Stress führt – ein Teufelskreis, der vielen sicher nicht fremd ist. Ob Schrei-Baby, Temperamentsmerkmale, Depression oder beruflicher Stress – um das eigene intuitive Programm zur Wirksamkeit zu bringen, ist es sinnvoll, sich selbst in einem entspannten und ruhigen Zustand zu befinden.

Sich die Zeit mit dem Baby so angenehm und so leicht wie möglich zu machen, sie zu genießen, Kreativität im Spiel zu entwickeln und sich voll und ganz auf das Kind und sein Tempo einzulassen, sind die wichtigsten Voraussetzungen. Das kann bedeuten, dass es notwendig ist, bestimmte Belastungen in der eigenen Lebensweise zumindest teilweise zu beseitigen. Dann ist es angezeigt, konsequent Prioritäten zu setzen. Die Einstellung einer Haushaltshilfe oder die Hilfe von Großeltern kann oft schon den notwendigen Freiraum zur Verfügung stellen.

8.4 Zusammenfassung

Typische intuitive Verhaltensweisen gegenüber Säuglingen sind das Sprechen in Babysprache, stimmliche und mimische Übertreibungen, ein optimaler Abstand des eigenen zum kindlichen Gesicht, Nachahmen, Berühren des Mundes und der Händchen, Beruhigung durch einen Rhythmus, das Bedürfnis nach Beenden des Schreiens, gemeinsame Spielchen und verschiedene Anregungsformen zur Beeinflussung des kindlichen Zustandes.

Intuitive Verhaltensweisen werden durch die Signale des Kindes ausgelöst. Sie erfolgen weitgehend unbewusst und unterstützen die kindliche Verhaltensregulation.

Einschränkungen im Erleben finden sich bei Personen, die depressiv sind, bei Stress, Ängsten und Belastungen im persönlichen Umfeld sowie bei seelischen Erkrankungen. Einen Sonderfall stellt die so genannte nachgeburtliche Depression dar. Auch das Temperament des Kindes kann das elterliche Verhalten beeinflussen, da es in vielen Fällen eine Überforderung für die Eltern bedeuten kann. Intuitives Verhalten setzt einen entspannten, gelassenen Zustand voraus. Es tritt dann auf, wenn man sich ganz auf die Einzigartigkeit eines Babys einlässt und bereit ist, die gemeinsame Zeit mit ihm zu genießen.

9 Die Partnerschaft der Eltern und ihre Bedeutung für das Kind

Auf den folgenden Seiten werden wir uns mit der Entwicklung der Eltern befassen, die die Grundlage für die Entfaltung eines Kindes darstellt. Wenn Partner ein erstes Kind erwarten, wird sich ihr Leben komplett verändern. Dies bedeutet für beide eine große Herausforderung, die jedoch für Männer und Frauen unterschiedlich aussieht. Die Phase des Übergangs zur Elternschaft umfasst die Zeit der Schwangerschaft der Frau und das erste Lebensjahr des Kindes. Innerhalb dieses Zeitraumes finden beachtliche Veränderungen im Leben eines Paares statt, die indirekt einen Einfluss auf die Entwicklung des Kindes ausüben.

9.1 Der Übergang zur Elternschaft

Der Übergang zur Elternschaft ist ein wesentlicher Zeitabschnitt im Verlauf des Familienlebens. Die meisten Menschen streben eine solche Entwicklung ihres Familiendaseins an und bewältigen die damit verbundenen Schwierigkeiten auf ihre individuelle Weise (wie auch z. B. Heirat, Pubertät usw.). Es liegen sehr viele Forschungsarbeiten dazu vor, die zum Teil bis in die vierziger Jahre des letzten Jahrhunderts zurückgehen. Insbesondere die Zufriedenheit mit der Partnerschaft wurde häufig untersucht. Die meisten Studien berichten von einer allgemeinen Abnahme der Partnerschaftszufriedenheit nach der Geburt eines ersten Kindes.

Sie werden im weiteren Verlauf dieses Abschnittes einen kleinen Auszug aus den zahlreichen und umfassenden Ergebnissen psychologischer Partnerschafts- und Kommunikationsforschung erhalten. Es wird keinesfalls Anspruch auf Vollständigkeit erhoben. Dennoch beabsichtige ich, Ihnen das Wichtigste in Kürze mitzuteilen. Wie kommt es zu einer zunehmenden Unzufriedenheit mit der Partnerschaft, wenn einmal ein Kind da ist?

Anforderungen durch die neue Situation

Widersprüchliche Gefühle: Schon während der Schwangerschaft werden widersprüchliche Gefühle erlebt, die ertragen und bewältigt werden müssen: Einerseits haben die zukünftigen Eltern freudige Erwartungen, und andererseits können heftige Ängste auftreten. Die Beziehungsentwicklung zum Kind geht mit Erinnerungen an die eigenen Erziehungserfahrungen einher. Die Schwangerschaft ist eine Zeit, in der man zurückschaut und solche Erinnerungen „überarbeitet", oft ohne sich dessen bewusst zu sein.

Rollen-Veränderungen in der Partnerschaft: Zudem wird es notwendig, die Partnerschaft umzugestalten. Aus Partnern werden Eltern. Zur Rolle als Partner kommt die Rolle der Mutter oder des Vaters hinzu. Die Rollen werden re-organisiert. Mit der Elternschaft sind wesentliche Rollenverpflichtungen verbunden: Zuwendung, Aufmerksamkeit, Fürsorge- und Erziehungsverhalten.

Gestalten sich die Rollen der Partner innerhalb der (neu gegründeten) Familie um, so hat dies meist Folgen: Bei Frauen ändert sich in der Regel ihre Berufsrolle, zumindest für eine gewisse Zeitdauer, da sie in „Elternzeit" gehen; dies trifft allerdings inzwischen erfreulicherweise auch auf immer mehr Männer zu. Auch gegenüber den eigenen Eltern verändert sich die Rolle mit der Geburt eines Kindes. Viele Eltern berichten, dass sich durch die Geburt ihres Kindes die Beziehungen zu ihren eigenen Eltern entspannt haben. Andere müssen sich aber noch deutlicher von ihnen abgrenzen usw.

Veränderung aller Beziehungen: Mit den Neu-Organisationen der Rollen finden Veränderungen auch in anderen Beziehungen statt. Auch sie werden neu gestaltet: Neben der Paarbeziehung sind die Beziehungen zu Kindern, die schon zuvor geboren wurden, zur Herkunftsfamilie, zum Freundes- und Bekanntenkreis sowie zu Kollegen und Vorgesetzten am Arbeitsplatz betroffen. Es stehen neue Interessen an – nämlich die mit dem

Kind und der Familie verbundenen Themen. Diese können nicht mit allen geteilt werden, mit denen man bisher persönlich verbunden war. So kommt es auch zum (teilweise vorübergehenden) Verlust mancher sozialer Kontakte.

Selbst-Veränderungen: Mit der Umgestaltung von Beziehungen ändert sich auch das Selbst. Durch die neuen Erfahrungen und Anforderungen wird eine veränderte Selbstwahrnehmung und -erfahrung ausgelöst, die sich auf die eigene Identität auswirkt. Die Frage „Wer bin ich, wer werde ich sein, und wo will ich hin?" wird erneut gestellt. Veränderungen des Selbst wirken sich wiederum auf die persönlichen Beziehungen aus. Diese beiden Aspekte sind eng miteinander verflochten. Am deutlichsten wird dies innerhalb der Partnerschaftsbeziehung spürbar. Darauf gehe ich im übernächsten Abschnitt ein.

Wie entwickelt sich die Partnerschaft der Eltern nach der Geburt eines Kindes?

Was bedeutet es für den Einzelnen, Mutter oder Vater zu werden? Welche eigenen Erfahrungen spielen da hinein? Gibt es denn überhaupt ausreichend Raum, sich mit solchen Fragen zu beschäftigen?

Die Anforderungen durch die neue Situation sind sehr umfassend und vielschichtig; Veränderungen vollziehen sich in vielen Lebensbereichen. Im Folgenden sollen viele unterschiedliche Aspekte des partnerschaftlichen Zusammenlebens kurz aufgegriffen werden, die beim Übergang zur Elternschaft für Konfliktstoff sorgen.

Rollenaufteilung der Eltern: Zum Teil wird in den Forschungsergebnissen eine negative Entwicklung der Partnerschaft auf die Aufteilung der Aufgaben zurückgeführt. Paare neigen dazu, nach der Geburt eines Kindes eine herkömmlichere Rollenaufteilung zu leben als vor der Geburt. Mehr noch: Die Traditionalität ist dann sogar stärker, als sie es selbst erwartet hatten. Das heißt, dass der Frau die Kinderbetreuung und Haushaltsführung, dem Mann die Sorge für den Lebensunterhalt zugemessen wird. Männer müssen derzeit jedoch eine zusätzliche Neu-Orientierung durchlaufen, denn heutzutage wird von ihnen darüber hinaus Einfühlungsvermögen, soziale Unterstützung und Unterstützung bei der Betreuung des Kindes erwartet. Viele von ihnen können jedoch nicht auf passende Vorbilder zurückgreifen.

Die althergebrachte Rollenverteilung ist aber nicht zwingend mit einer Belastung verbunden. Wenn man den Wert der Familie, die Freude an Kindern und die Rolle der Frau als Schwangere und Mutter hoch wertschätzt (wie es in östlichen und südlichen Kulturen noch weitgehend der Fall ist), bleibt die Zufriedenheit in der Partnerschaft für gewöhnlich erhalten.

Ähnlich verhält es sich mit der verkürzten Zeit der Partner füreinander: Die Formen des gefühlsmäßigen und sexuellen Umgangs miteinander können sich ändern. Doch ist auch dies wiederum abhängig von den Wertvorstellungen des Paares. Ob es zu einem Gefühl des Getrenntseins durch das Kind, zu Streitigkeiten und Wut kommt, hängt im Wesentlichen davon ab, wie man die eigene Situation und Rolle beurteilt.

Getrenntsein vom Partner: Durch die Geburt eines Kindes handeln die Partner häufiger allein, ungleichzeitig und verbringen im Alltag weniger Zeit miteinander. Dies fällt Müttern stärker auf als Vätern. Mütter kompensieren jedoch durch das Zusammensein mit dem Kind viele unangenehme Befindlichkeiten, die durch das Erleben der Getrenntheit vom Partner entstehen.

Sexuelle Unterschiede: Veränderungen in der Paar-Beziehung stellen sich auch ein, wenn sich das sexuelle Erleben im Laufe der Zeit zunehmend unterschiedlich entwickelt. Die Zärtlichkeit und der intime Kontakt können sich verringern, und das führt oft zu Frustrationen und vermehrt zu Streit zwischen den Partnern. Häufig bilden sich dann starre, einander entgegengesetzte Positionen heraus, da Konflikte nicht geklärt werden können, zunächst aufgrund der mangelnden Zeit und später aufgrund der Verfestigung der Standpunkte.

Freizeitbedürfnisse: In Bezug auf die Freizeitgestaltung kann man im allgemeinen die Tendenz beobachten, dass nach der Geburt eines Kindes die Aktivitäten innerhalb des eigenen Hauses stattfinden und sich der Bekanntenkreis auf lockere Kontakte und Verwandtschaftsangehörige reduziert. Die Familie wird zum sozialen Unterstützungspartner.

Herkunftsfamilien-Muster: Nicht zuletzt sind die Erfahrungen der Partner in ihren jeweils eigenen Herkunftsfamilien bedeutende Einflussgrößen auf das eigene Partnerschaftsverhalten. Partnerschaftsmuster setzen sich häufig über viele Generationen fort, sofern sie nicht überdacht und umgestaltet werden. In Zeiten, die beide Partner stark fordern, wird dann auf Bekanntes zurückgegriffen, was jedoch nur kurzfristig eine Erleichterung darstellt.

9.2 Die typischen Partnerschaftsprobleme nach der Geburt eines Kindes

In der neuen Situation, wenn bisherige Annahmen und Haltungen sich als nicht brauchbar, nicht gültig erweisen, kommt es bei jedem Partner zu widersprüchlichen Bedürfnissen, zu Spannungen, Ängsten, innerem Aufruhr – unabhängig, ob die Situation erwünscht und prinzipiell positiv ist oder nicht. Ein Ungleichgewicht im Gefühlsleben des Einzelnen kann sich einstellen. Beide Partner – jeder für sich selbst – erfahren neue Seiten des eigenen Selbst. Von der eigenen Verfassung und Geschichte hängt es ab, wie ausgeprägt dieses Ungleichgewicht ist. Auch hier sprechen wir von einer „Regulation": Jeder der beiden Partner ist zunächst für sich selbst gefordert, sein neues gefühlsmäßiges Gleichgewicht zu finden. Mit den eigenen Beunruhigungen im Inneren umgehen zu lernen – sich neu zu regulieren – ist ein wichtiger Lernprozess in dieser Zeit.

Die Beziehung zum anderen bleibt davon nicht unberührt. Zu den neuen gemeinsamen Aufgaben kommt die Herausforderung hinzu, ein neues gemeinsames Gleichgewicht zu finden. Aufgrund der sehr unterschiedlichen Erlebensweisen von Männern und Frauen geht es nun darum, sich gegenseitig einen vergrößerten Entwicklungsspielraum zuzugestehen – eine Prüfungssituation für die Großzügigkeit dem Partner gegenüber. Man bezeichnet es am besten als einen Balance-Akt.

> Da Männer und Frauen sehr verschiedene Entwicklungsprozesse durchlaufen haben, ist es nicht verwunderlich, dass sie deutlich unterschiedliche Sichtweisen auf dieselbe gemeinsame Situation haben. Es kann sein, dass jeder sich damit allein gelassen fühlt.

Tatsächlich kommt es daher oft zu einer Lage, die allen vertraut ist: Die Mütter beschäftigen sich wesentlich mehr mit dem Kind als die Väter. Sie finden im Umgang mit dem Kind Bestätigung in ihrer unsicheren Situation. Gegenüber Männern fühlen sie sich als Fachfrauen, wenn es um Erziehungsfragen geht. Die Männer wiederum erscheinen als Außenseiter. Sie sind viel unterwegs, bekommen von ihrem Kind nicht viel mit und werden als unmotiviert erlebt, was das Familienleben betrifft. Das Paar lebt sich mehr und mehr auseinander, jeder „pflegt" seine Sichtweise, und die Zufriedenheit mit der Partnerschaft sinkt. Jeder fühlt sich vom anderen missverstanden und irgendwann enttäuscht. Bei den Frauen führt dies in der Regel dazu, dass sie sich noch stärker auf das Kind konzentrieren. Anders die Männer, die mehr und mehr Abstand nehmen. Sie suchen ihre Entschädigungen außerhalb der Familie. Meist konzentrieren sie sich verstärkt auf den Beruf. Wie kommt es dazu? Kann ein solcher Zustand verhindert werden?

Ein amerikanisches Forscher-Ehepaar (C. P. und P. A. Cowan) konnte aufzeigen, dass diese Entwicklung, die den Vater in die Außenseiter-Position drängt, sehr stark vom Verhalten der Mutter abhängig ist. Diese geben sehr ungern ihre herkömmliche Rolle als Expertin der Kindererziehung auf. Das führt dazu, dass sie den Vätern entweder zu wenig Raum mit ihrem Kind zugestehen oder sich häufig helfend in den Umgang des Vaters mit dem Kind einmischen. Auf die Väter, die sich nach der Geburt sehr schnell auf ihre neue Rolle umstellen müssen (im Gegensatz zu Müttern) und die auch nicht von Kindheit an damit vertraut gemacht wurden, wirkt dies ausgesprochen verunsichernd. Konzentration der Mütter auf das Kind wird von den Vätern als Kritik erfahren. Aus diesem Grunde ziehen sie sich allmählich zurück – häufig in die Arbeitswelt, wo sie ihrer Bedeutung sicher sein können und wo sie Erfolgserlebnisse haben. So versuchen viele Väter, ihre Sicherheit in einer lange eingeübten Rolle wiederzufinden. Mütter legen diesen typisch männlichen Bewältigungsstil oft als Interesselosigkeit aus. So entstandene Missverständnisse kennzeichnen einen ganz typischen Konflikt innerhalb vieler Partnerschaften mit Kindern.

Eine tragische und ausweglose Situation? – Wollen beide nach Möglichkeiten suchen, wieder zueinander zu finden, so setzt dies zunächst voraus, sich jeweils mit der Situation des anderen vertraut zu machen und seine Sicht der Dinge zu verstehen. Ich möchte Ihnen in den nächsten Abschnitten diese beiden Sichtweisen verdeutlichen.

Die werdende Mutter

Wenn Frauen Mütter werden, verändert sich bei den meisten ihre seelische Situation über Monate oder Jahre hinweg in grundlegender Weise. Diese Tatsache beruht zum einen auf hormonellen Veränderungen in der Zeit der Schwangerschaft und Geburt, insbesondere beim ersten Kind. Zum anderen aber kommt es durch die Situation, in die eine Frau durch die Geburt eines Kindes hineingleitet, zu einer Umbewertung der Themen, mit denen sie sich bislang beschäftigt hat. Nun gewinnen die Themen

1. Beziehung zur Mutter in der eigenen Kindheit,
2. sie selbst in der Rolle einer Mutter und
3. das Baby

Vorrang. Die Welt einer Frau, die Mutter geworden ist, hat sich verändert. Ihre wichtigsten Fragen werden in den nächsten kurzen Abschnitten zusammengefasst:

Bin ich in der Lage dazu, das Leben und Wachstum meines Babys hinreichend gut zu begleiten? Kann ich das Überleben und Gedeihen meines Kindes gewährleisten? Diese Frage veranlasst Mütter dazu, dem Füttern und Stillen eine sehr wichtige Bedeutung zu verleihen, nach dem schlafenden Kind zu sehen, ob es noch atmet und anderes. Die wichtigste Angst dahinter ist die, als **biologisches Wesen** zu versagen. In der Zeit des Übergangs zur Elternschaft stellt sich diese Frage auf einzigartige Weise.

Kann ich eine echte Gefühlsbeziehung zu meinem Baby aufbauen? Kann ich mein Baby lieben, und wird es dies merken? Kann ich es verstehen und seine seelische Entwicklung fördern? Kann ich als Mutter unbefangen und natürlich mit meinem Kind spielen, auf seine Bedürfnisse optimal reagieren? – Schon das leiseste Gefühl, dieser Aufgabe nicht zu genügen, löst Ängste und Sorgen um die **seelische Entwicklung des Babys** aus.

Gelingt es mir, ein unterstützendes Netz von hilfreichen Personen aufzubauen und aufrecht zu erhalten? Werde ich ein Unterstützungssystem schaffen können, das die notwendigen Hilfen leistet, damit ich meine Rolle als Mutter erfüllen kann? Die junge Mutter sollte fühlen können, dass sie **körperlich beschützt** und in der ersten Zeit von der Außenwelt abgeschirmt wird. Nur so kann sie sich voll ihrer neuen Aufgabe hingeben. Diese Aufgabe wurde schon immer dem Partner der Mutter zugeteilt.
Weiterhin muss sie **Halt, Unterstützung und Achtung** spüren

können. Sich auf Anleitung und Hilfe verlassen zu können ist von großer Bedeutung. In dieser Hinsicht spielen andere Frauen eine große Rolle, insbesondere die eigene Mutter. Mit ihr setzt sich die junge Mutter in ihrer Vorstellung bereits während der Schwangerschaft auseinander, verstärkt nun durch die Geburt des Kindes. Das Kind in seiner Einzigartigkeit weckt sehr eigene Erinnerungen. Die Erfahrungen der eigenen Kindheit beeinflussen, wie sie ihr Kind erlebt und mit ihm umgeht. Das Ausmaß, in dem eine Frau über ihre eigene Mutterbeziehung nachzudenken vermag (unabhängig davon, ob sie überwiegend gute oder schlechte Erfahrungen gemacht hat), wirkt sich positiv aus auf ihr Verhalten dem Kind gegenüber und auf die Bindung mit ihm, die sich anbahnt.

Die wirklichen Unterstützungspersonen in der Gegenwart (Ehemann, Eltern, Verwandte, Freundeskreis usw.) bilden den anderen Teil des Netzwerkes. Ihnen gegenüber kann in der jungen Mutter die Angst auftauchen, ihren Erwartungen nicht zu genügen und von ihnen kritisiert zu werden, als „schlechte Mutter" dazustehen. Diese Ängste können weitreichende Folgen haben: Manche Mütter glauben, die Liebe des Babys zu verlieren. Eigene Ängste tauchen auch dem Partner gegenüber auf: sein Wettbewerb um die Aufmerksamkeit des Babys und die Angst, von ihm verlassen zu werden.

Kann ich mich selbst so verändern, dass ich die genannten Aufgaben erfüllen kann? Werde ich in der Lage dazu sein, das, was mich ausmacht, zu erweitern

- von einer Tochter, die ich bin, hin zu einer Mutter;
- von der Ehefrau zum Elternteil;
- von der Berufstätigen zur Hausfrau;
- von der jüngsten Generation zur Elterngeneration?

Diese vier Aspekte stehen im Mittelpunkt des Lebens einer jungen Mutter. Wenn sie den inneren „Umbau" nicht erfüllen kann, wird ihre Lebenszufriedenheit darunter leiden. Vorbilder sind für die neuen unbekannten Aufgaben unbedingt erforderlich.

Die Situation einer Frau, die gerade Mutter geworden ist, wird *Mutterschaftskonstellation* genannt. Es ist eine Bezeichnung für eine typische Tendenz, die sich neu entwickelt hat und die zu den ganz eigenen Sensibilitäten, Vorstellungen, Wünschen, Ängsten und Neigungen führt, die genannt wurden. Dieser Trend drängt alle bisher bestehenden Interessen und Anliegen in den Hintergrund.

In den oben genannten Themen spiegeln sich kulturelle Werte unserer Gesellschaft wider: Babys wird eine große Bedeutung für die Entwicklung einer Gesellschaft zugemessen. Daher geht man grundsätzlich davon aus, dass die Schwangerschaft mit ihnen erwünscht war. Folglich wird der Mutterrolle ein hoher Wert zugemessen und Müttern als Person Achtung erwiesen. Die Verantwortung für ein Baby wird der Mutter zugeschrieben, auch wenn sie viele Tätigkeiten an andere abgibt. Es wird erwartet, dass sie ihr Baby liebt und dass der Vater und andere (früher die Großfamilie) nach der Geburt Unterstützung leisten, damit die Mutter ihre Rolle erfüllen kann. Dennoch wird jungen Müttern weder Erfahrung noch passende Unterstützung oder Ausbildung durch die Gesellschaft vermittelt, um ihr die Mutterrolle zu erleichtern.

In der Kontaktaufnahme mit anderen jungen Müttern drückt sich der Wunsch nach einer mütterlichen Gestalt aus, die sie achtet, der Wunsch nach Beistand von ihr sowie nach Anleitung durch sie. Sie fühlt sich durch andere unterstützt, wenn diese gefühlsmäßig auf sie eingehen können, ihre Stärken und Fähigkeiten hervorheben sowie auf dieser Grundlage Rat entwickeln. Eine gute Zusammenarbeit setzt voraus, dass sie sich verlässlich gehalten fühlt, so dass sie ihre mütterlichen Fähigkeiten freisetzen kann.

> Um Mütter mit Säuglingen zu unterstützen, ist es entscheidend, sie in ihrer einzigartigen seelischen Verfassung, der Mutterschaftskonstellation, zu verstehen. Wenn sie ein solches Verständnis spüren, sind sie erst in der Lage, Vertrauen zu fassen und ein Bündnis einzugehen.

Der werdende Vater

In der oben genannten amerikanischen Studie erwies sich die **Einbeziehung des Vaters in die Betreuung und Erziehung des Kindes** als entscheidender Faktor für die Entwicklung eines Paares. Die Männer hatten in Gesprächen mit den Forschern sehr großes Interesse an ihren Beziehungen mit den Kindern gezeigt. Sie waren alles andere als unzugänglich. Die verbreitete Ansicht, dass sie ihre Arbeit wichtiger fänden als die Beziehung zu Kind und Familie, konnte nicht bestätigt werden. Im Gegenteil: Sie hatten sogar noch mehr Interesse an der Übernahme der Kindesbetreuung geäußert als ihnen tatsächlich möglich gewesen wäre.

Im Großen und Ganzen werden drei Gründe für die erörterten Differenzen vieler Paare beschrieben:

1. Falls Männer keine guten Rollenvorbilder in ihrer eigenen Kindheit hatten, führt dies zu einer bedeutenden Verunsicherung gegenüber dem eigenen Kind. Sie stehen zunächst Schwierigkeiten gegenüber, die aufgrund der Tatsache entstehen, dass sie die eigenen unschönen Kindheitserfahrungen überwinden müssen. Wer unterstützt sie darin?
2. Durch die gesellschaftlich bedingte Rollenverteilung treffen Männer am Arbeitsplatz häufiger auf Widerstand, wenn es darum geht, mehr Zeit für die Betreuung ihres Kindes zur Verfügung zu bekommen. Allein die Tatsache, dass Männer in der Regel höhere Gehälter als Frauen erhalten, zwingt oft zur herkömmlichen Rollenverteilung in den Familien.
3. Der wichtigste Einfluss ist jedoch nach den Ergebnissen der genannten Studie das Gefühl, ein guter Vater sein zu können.

Kritik durch die Mütter führt häufig dazu, dass Väter sich erfolglos und versagend erleben.

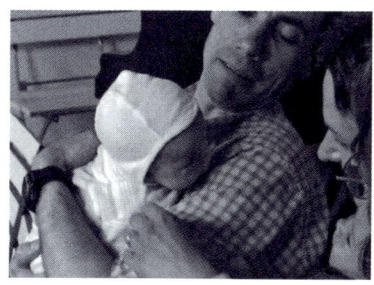

▲ Abb. 9.1: Väter haben sehr großes Interesse an einer Beziehung mit ihrem Baby.

In den letzten Jahren sind die Väter in der Öffentlichkeit stark ins Gespräch gekommen. Ihre Beziehungen zu den eigenen Kindern wurden als entwicklungsfördernd betont, ihre Rolle als bloße Versorger der Familie in Frage gestellt. Durch die herkömmliche Rollenzuweisung als „Brotverdiener" waren sie weitgehend vom Familiengeschehen ausgegrenzt. Heutzutage sieht man immer mehr Väter zusammen mit ihren Kindern. Ein Teil von ihnen nimmt die Elternzeit in Anspruch, und ihre Anwesenheitsrate bei der Geburt ihrer Kinder ist in den deutschsprachigen Ländern auf 90% angestiegen! Daran kann man erkennen, dass sich sehr viel verändert hat. Über die Situation der werdenden Väter gibt es dennoch erst spärlich Forschungsarbeiten.

Belastungen werdender Väter können schon in der Zeit der Schwangerschaft beginnen, z.B. wenn die Partnerin einen schwierigen Schwangerschaftsverlauf durchlebt. Aber auch die seelischen Entwicklungen der Frau während der Schwangerschaft können den Mann bedrücken, wenn sie nicht einfach sind. Da Männer das klärende Gespräch nicht immer suchen, können sich solche Probleme im Laufe der Zeit zu Beziehungskonflikten ausweiten. In vielen anderen Fällen trägt eine ungeplante oder unerwünschte Schwangerschaft dazu bei, dass der Vater negativ erlebt werden kann. Manchmal überschneidet sich der Übergang zur Elternschaft auch mit einer beruflichen Aufbauphase des (werdenden) Vaters. Dann kommt die Schwangerschaft für ihn zur falschen Zeit. Die schwangere Frau kann dies wiederum als Zurückweisung erleben.

Die genannten Belastungen können in mehr oder weniger ausgeprägtem Ausmaß vorliegen. Ihnen stehen immer auch angenehme Aspekte gegenüber: z. B. ein höheres soziales Ansehen durch Kinder, die eigene Selbstverwirklichung, ein Gefühl von Stolz, Weiterleben in den eigenen Kindern, Erweiterung des „Horizontes", die angenehmen Seiten einer gefühlsmäßigen Bindung sowie das Aufleben der eigenen Jugend. Kinder gelten als Bereicherung der Ehe, als Brücke zur eigenen Herkunftsfamilie, als Vorbeugung gegen Einsamkeit.

Für den werdenden Vater ist es entscheidend, wie sich die **Beziehung zur Partnerin** gestaltet. Wie die (werdende) Vaterschaft erlebt und umgesetzt wird, hängt also wesentlich davon ab, wie die Partner miteinander umgehen. Väter, die in ihrer Paar-Beziehung viel Streit und wenig Zärtlichkeit erleben, fühlen sich weit mehr belastet als solche, bei denen die partnerschaftliche Beziehung gelingt. Für Männer ist darüber hinaus die Sexualität mit der Frau oft ausschlaggebend für ihre erlebte Partnerschaftszufriedenheit – anders als für Frauen.

Gerade in den ersten Monaten nach der Geburt des Kindes ergibt sich durch den Zeitmangel eine **Einschränkung der Sozialkontakte**, was auf die Dauer ebenfalls als Belastungsfaktor erlebt werden kann (auch wenn der Familie grundsätzlich höhere Bedeutung beigemessen wird).

Die größten Belastungen für Väter gehen jedoch sicherlich auf **unerwartete Eigenschaften des Kindes** zurück, die zumeist mit dessen Temperament zusammenhängen. Gerade mit unruhigen, viel schreienden Kindern kann das Gefühl, ein guter Vater zu sein, einer schweren Prüfung unterzogen werden – so wie es eben auch den Müttern ergeht. Die Freude am Kind wirkt sich aber am positivsten auf das Erleben der Vaterschaft aus. Die gemeinsam spielerisch verbrachte Zeit mit dem Kind kann Belastungserlebnisse zu einem Teil ausgleichen.

Väter sollten die Möglichkeit haben, eine eigene Beziehung zu ihrem Kind aufzubauen und selbst die Verantwortung dafür zu übernehmen. Sie lediglich als Helfer und Unterstützer der Mütter einzusetzen würde nichts an den herkömmlichen Bedingungen der Unzufriedenheit in Partnerschaften ändern.

Daher benötigen sie, wie auch die Mütter, den Spielraum, in der Beziehung zu ihrem Kind auch einmal etwas falsch machen zu dürfen. Eine von der Mutter abgegrenzte Bindungsentwicklung zwischen Vater und Kind schafft dem Kind einen zusätzlichen Freiraum und die Möglichkeit, zwischen zwei verschiedenen elterlichen Stilen zu wählen, wenn es erforderlich ist. (Väter spielen in der Regel körperliche und wildere Spiele, wohingegen sich Mütter im Umgang mit ihrem Kind ruhiger verhalten und bestimmte Spiele häufiger wiederholen.) Der Entwicklung des Kindes kommt dies zugute.

Zusammenfassend lässt sich für Väter – wie für Mütter – sagen: Wenn die mit den Kindern verbundenen „Gewinne" die „Kosten" überwiegen, wird das Vaterschaftserleben positiver sein.

9.3 Eine gute Partnerschaft der Eltern ist für die Entwicklung des Kindes wichtig

Von Anfang an ist es für ein Kind ein großer Vorteil, beide Elternteile zu haben – Mann und Frau. So ist es ihm möglich, Erfahrungen mit verschiedenen Verhaltensstilen und Formen des Umgangs mit den „Dingen der Welt" zu machen. Das Kind wird in das „Spannungsfeld" der Partner hineingeboren und wächst darin auf. Die Beschaffenheit der elterlichen Partnerschaft hat für seine Entwicklung eine große Bedeutung. Wenn **Streitigkeiten in der Beziehung** die Zufriedenheit der Partner trüben, wird Energie aus der Beziehung zum Kind und aus seiner Betreuung abgezogen. Sie wird für die Auseinandersetzungen bzw. Spannungen zwischen den Eltern benötigt, die gewöhnlich mit negativen Gefühlen einhergehen. Es kann sein, dass ein oder beide Elternteile durch die Konflikte überlastet sind und dann unbewältigte Gefühle (z. B. Aggression) über das Kind austragen. Die Gefühle können bewusst oder unbewusst sein. Sie schränken jedoch den Blick für die Bedürfnisse des Kindes ein; sie verringern die elterliche Einfühlsamkeit. Intuitive Verhaltensweisen sind dann unter Umständen nicht mehr ohne Weiteres möglich. Schuldgefühle können hinzukommen, da man ahnt, wie man das Kind belastet. Um alles wiedergutzumachen, überbefürsorgt man das Kind (z. B. durch vermehrte finanzielle Investitionen in Spielzeug oder andere Dinge, die dem Kind nutzen sollen).

Auf der anderen Seite sind Kinder selbst sehr empfindlich für Spannungen und versuchen sie zu bewältigen, indem sie sich besonders wohl verhalten oder **Verhaltensauffälligkeiten** zeigen. Sie versuchen den Personen, von denen die Spannung ausgeht, entgegenzukommen und verzichten auf die Wahrnehmung ihrer eigenen Interessen.

Beeinträchtigend in Bezug auf die kindliche Entwicklung können sich auch einschneidende **Veränderungen der Lebenssituation** auswirken. Wohnungswechsel, Verlust eines Elternteils durch Trennung oder Scheidung oder der Zuzug eines Stiefelternteils überfordern oft die seelischen Kräfte des Kindes. Auch eigentlich günstige Veränderungen einer bisher unbefriedigenden Partnerschaft können ein Kind (zumindest vorübergehend) herausfordern. Die Eltern brauchen für ihre Neu-Orientierung Kräfte, die sie wiederum dem Kind abziehen.

Eingespielte, dauerhaft unbefriedigende elterliche Beziehungen beeinträchtigen die kindlichen Entwicklungen nicht offensichtlich. Doch oft erfüllen Kinder aus solchen Partnerschaften eine heikle Funktion, sei es als „Ehekitt", als **Partnerersatz** oder als **Lebensinhalt**.

Gemeinsam ist all diesen Variationen: Was das Kind wirklich braucht, können ihm die Eltern bei aller Sorge nur eingeschränkt geben: feinfühligen, liebevollen Kontakt, Fürsorge und Unterstützung seiner Entwicklung. Während ältere Kinder in einer solchen Situation häufig in ihrem Verhalten auffällig werden, kommt es bei einer großen Anzahl von Säuglingen (die möglicherweise selbst noch Vorbelastungen mitbringen) zu übermäßigem Schreien, zu Schlaf- und zu Fütterproblemen. Wie Sie aus den Kapiteln über die kindlichen Entwicklungen in den ersten beiden Lebensjahren wissen (vgl. Kap. 3, 4 und 6), ist es überbeanspruchten Eltern nicht möglich, ihrem Baby ausreichend Regulationsunterstützung zu geben. Durch die genannten Auffälligkeiten drückt das Kind seine Überlastung aus.

Vaterlosigkeit oder Vaterverlust sind als schwerwiegende Einflüsse auf die kindliche Entwicklung erkannt worden, die unter Umständen deutliche Beeinträchtigungen des seelischen Lebens zur Folge haben. Der Einfluss des Vaters auf die Entwicklungen des Kindes ist lange unterschätzt worden. In der Säuglingszeit ist der Vater als Dritter (im Beziehungsdreieck Mutter-Kind-Vater) für die Fähigkeit zur Dreierbeziehung wichtig. Er fördert einen inneren Entwicklungsvorgang beim Säugling nach den ersten Lebensmonaten. Bis zu diesem Zeitpunkt überwiegt die Zweisamkeit mit der Mutter. Dann beginnt er jedoch – nachdem er immer wieder Situationen erlebt hat, in denen der Vater hinzukommt – seine Aufmerksamkeit zu teilen. So entsteht die Fähigkeit, in einer Dreier-Situation mit zwei Personen gleichzeitig Kontakt aufzunehmen.

Der Vater hat eine beachtliche Bedeutung auch für Entwicklungen im Leistungs- und Persönlichkeitsbereich. Die Abwesenheit des Vaters ist mit einem Risiko

1. für die zwischenmenschliche Entwicklung,
2. für den Denk- und den Leistungsbereich sowie
3. für den Erwerb von Beziehungsfähigkeit

verbunden. Auch negative Auswirkungen auf die kindliche Geschlechtsrollenentwicklung bei Vaterlosigkeit oder Vaterverlust werden beobachtet. Das heißt nicht, dass die Abwesenheit des Vaters automatisch zu diesen Defiziten führt. Aber ein erhöhtes Risiko gilt als nachgewiesen.

9.4   Wie kann eine Partnerschaft gelingen?

Um zu einem konstruktiven Abschluss dieses Kapitels zu kommen, möchte ich der Frage nach den Bewältigungsmöglichkeiten nachgehen, zumal heutzutage bereits eine beachtliche Menge an Erkenntnissen zur Verfügung steht: Was können Paare tun, um ihre Zufriedenheit mit ihrer Beziehung zu fördern?

Partnerschaftlicher Umgang miteinander – wie erkennt man Problemsituationen?

Die verschiedenen Erlebensweisen von Männern und Frauen in der gemeinsamen Situation beim Elternwerden sind – wie schon erwähnt – nichts Ungewöhnliches. Im Gegenteil: Sie sind das natürliche Ergebnis der grundlegend verschiedenen Lebenserfahrungen der beiden Geschlechter, die zu unterschiedlichen Denk- und Sichtweisen führen. Diese Entwicklungen sind folgerichtig und nicht zu ändern. Paare in der beginnenden Elternschaft können jedoch dafür Sorge tragen, dass sie den Übergang gemeinsam meistern. Zum einen geht es darum, die Unterschiede ertragen zu lernen. Das **Akzeptieren der unterschiedlichen Einstellungen** und Bedeutungszuschreibungen hilft, die Toleranz in schwierigen Lagen zu erhöhen. An der Lösung der Probleme kann eine Partnerschaft letztendlich wachsen und sich bewähren.

Der nächste Schritt ist der **Austausch über die Unterschiede im Gespräch.** Der erste tragende Pfeiler für Beziehungsglück liegt nach den wichtigsten Forschungsergebnissen in der Art und Weise des partnerschaftlichen Gesprächs. Es finden sich typische Gesprächsstile von zufriedenen und unzufriedenen Paaren. Unzufriedene Paare tauschen häufiger und mehr negative Inhalte aus. Häufig zeigen Männer in den Gesprächsfertigkeiten größere Schwächen auf als Frauen, die solche Fertigkeiten im Laufe ihrer Entwicklung gelernt haben. Als besonders gefährlich für eine Partnerschaft erwiesen sich insgesamt vier Gesprächsmerkmale von Paaren:

1. zerstörerische Kritik (verallgemeinernde, negative Bemerkungen wie „Du machst das ja sowieso nie."),
2. verächtliche, abwertende Bemerkungen (z.B. „Aha, plötzlich interessierst Du Dich für andere Leute."),
3. abwehrende Muster (häufiges Verteidigen bei gleichzeitigen Gegenangriffen und Rechtfertigungen, z.B. „Wieso soll ich das tun, Du gibst Dir ja auch keine Mühe, mir etwas zuliebe zu tun, und überhaupt…") sowie
4. Rückzug und Gesprächsverweigerung (sich abwenden, rausgehen, den Partner ins Leere laufen lassen).

Bei diesen vier Umgangsstilen besteht ein beachtlich erhöhtes Scheidungsrisiko.

Selbst wenn der Austausch eines Paares nicht besonders negativ ist, kann er doch unter Stress vollkommen zusammenbrechen. Dann öffnen sich die Partner weniger oder gar nicht mehr, machen sich vermehrt Vorwürfe, werten sich gegenseitig ab und neigen zum Rückzug.

Das gemeinsame Bemühen, Stress als Paar zu bewältigen, kann als zweiter tragender Pfeiler für das Gelingen einer Beziehung gesehen werden. Wenn Partner sich ihre Belastungen, Gefühle und Gedanken gegenseitig mitteilen können, wirkt dies entlastend. Sorgen und Nöte sollten miteinander besprochen werden können. Aufgaben und Tätigkeiten sollten in Zeiten der Überlastung des einen an den anderen Partner abgetreten werden können. **Gegenseitige Unterstützung in Problemsituationen** – falls möglich – ist bedeutsam für die Entwicklung der Zusammengehörigkeit und des Sich-auf-den-anderen-verlassen-Könnens. Zufriedene und unzufriedene Paare unterscheiden sich in diesen Aspekten deutlich.

Was können Partner tun, um ihre Liebe aufrecht zu erhalten?

Die Forschung zeigt, dass es nicht körperliche Anziehungskraft, Sexappeal, Intelligenz, Alter oder Bildung, Einkommen und soziale Schichtzugehörigkeit sind, die eine glückliche Partnerschaft gewährleisten. Auch die ursprüngliche Liebe ist keine längerfristig wirksame Garantie. Vor allem drei wichtige Fähigkeiten haben sich in Partnerschaften bewährt:

- angemessen miteinander reden zu können,
- Alltagsprobleme wirksam lösen zu können und
- die wirksame Bewältigung von Alltagsstress.

Stressbewältigung: Die Fähigkeit zur Stressbewältigung spielt bei allem eine vorrangige Rolle. Sie ist auch für die Erhaltung der beiden anderen Fähigkeiten grundlegend. Dazu gehört es, allen Stress zu verringern, der nicht unbedingt notwendig ist. Organisation, Planung und Zusammenarbeit können dazu verhelfen. Kraftquellen finden Partner in verschiedenen Tätigkeiten (sei es gemeinsam oder getrennt) sowie in ihren Kontakten zu anderen Familienmitgliedern, Freunden und Bekannten. Weiterhin profitieren sie sehr von „stressfreien Inseln". Das sind Zeiten, zu denen Partner nur für sich da sind, ihre „Batterien aufladen" – sowohl jeder für sich allein als auch als Paar.

Erwartungen überdenken: Ferner ist es sinnvoll, seine eigenen Erwartungen an den Partner, die häufig sehr hoch sind, zu überdenken. Diese können auch im Verlauf einer Partnerschaft mit den Entwicklungen des anderen in Konflikt geraten. Man bleibt nicht immer derjenige, der man zu Beginn war. Sich selbst zu entwickeln und dies dem anderen zuzugestehen äußert sich darin, sich gegenseitig ausreichend Raum zu gewähren.

Großzügigkeit entwickeln: Dinge, mit denen man schwer leben kann, sollten besprochen werden. Doch nicht immer lassen diese sich ändern. Zum Teil ist es unerlässlich, mehr Großzügigkeit und Akzeptanz zu entwickeln, ein Gleichgewicht zwischen Mittelwegen und Forderungen zu finden.

Gemeinsame Entspannungsphasen: Gemeinsame Entspannungsphasen und gemeinsame ungestörte Zeit einmal pro Woche stärken das Paar-Gefühl und schaffen einen „Puffer" für die Alltagsbelastungen.

9.5 Zusammenfassung

Beim Übergang zur Elternschaft finden in einer Partnerschaft in vielen Bereichen Neu-Organisationen und Umgestaltungen statt. Rollen verändern sich, kommen neu hinzu. Dadurch sind ungewohnte und neue Verhaltensweisen gefordert. Dies beeinflusst die sozialen Beziehungen des Einzelnen (insbesondere die Paar-Beziehung) und des Paares als auch die Beziehung jedes Partners zu sich selbst.

Verringert sich die Zufriedenheit mit der Partnerschaft, so gehen oft verschiedene ungünstige Entwicklungen in dieser speziellen Phase voraus. Unbefriedigende Rollenverteilung, der Mangel an gemeinsamer Zeit, die unterschiedliche Entwicklung des sexuellen Erlebens, unterschiedliche Freizeitvorstellungen sowie schwierige Beziehungsmuster in der Herkunftsfamilie können für Probleme sorgen.

Häufig konzentriert sich die Mutter auf die Beziehung mit dem Kind und der Vater wird aus dieser Beziehung ausgegrenzt – ein verbreitetes Partnerschaftsmuster. Zwei Welten trennen sich dann zunehmend voneinander, und die gewohnten Umgangsweisen tragen zur Verfestigung dieses Geschehens bei. Es kann eine Lösung sein, den Vater in die Betreuung des Kindes einzubeziehen. Heutzutage wird dies auch erfreulicherweise vermehrt praktiziert.

Belastungen, die Väter in ihrer neuen Rolle erfahren (Widerstreit Beruf/Familie, ungünstige Erfahrungen in der eigenen Kindheit, Partnerschaftserleben, Mangel an Zeit für sich selbst, Mangel an Zeit mit der Partnerin, Mangel an Zeit für Sozialkontakte, unruhiges Temperament des Kindes), können teilweise durch die Freude an der gemeinsamen Zeit mit dem Kind aufgehoben werden.

Für eine gute Entwicklung des Kindes sind beide Elternteile wichtig sowie deren weitgehend harmonische Beziehung zueinander. Spannungen oder Streitigkeiten schränken ihre Feinfühligkeit gegenüber dem Kind ein. Einschneidende Veränderungen, die durch die ungünstige Entwicklung der elterlichen Partnerschaft bedingt sind, bedeuten für viele Kinder eine Überforderung. Wenn die Paar-Beziehung der Eltern unbefriedigend ist, kommt es häufig zu Verhaltensauffälligkeiten beim Kind, die seine Überbelastung aufzeigen.

In der Säuglingszeit ist der Vater für die Entwicklung der Fähigkeit zu Dreier-Beziehungen wichtig. In Bezug auf die weitere Entwicklung hat er Einfluss auf die Leistungs-, soziale und

Persönlichkeitsentwicklung sowie auf die Geschlechtsrollen-entwicklung des Kindes.

Kommunikations- und Stressverhalten der Partner sind entscheidend für ihre Zufriedenheit mit der Partnerschaft. Ein respektvoller persönlicher Umgang miteinander, sinnvolle Lösungen von Alltagsproblemen sowie die wirksame Bewältigung von Alltagsstress sind Fähigkeiten, die sich in Partnerschaften bewährt haben und gelernt werden können. Auch die Fähigkeit, verschiedene Sichtweisen auf die gemeinsame Situation zu akzeptieren, fördert die Zufriedenheit mit der Paar-Beziehung.

Literatur

Ainsworth, MDS, Bell, SM, Stayton, DJ. Infant-Mother-Attachment and Social Development: ‚Socialisation‘ as a Product of reciprocal Responsiveness to Signals. In: Richards, MPM (Ed.). The Integration of a Child into a Social World. Cambridge: University Press 1974, 99–136

Beck, U, Beck-Gernsheim, E. Das ganz normale Chaos der Liebe. Frankfurt/M.: Suhrkamp 2005

Bensel, J. Was sagt mir mein Baby, wenn es schreit? Wie Sie Ihr Kind auch ohne Worte verstehen und beruhigen können. Ein Kursbuch in Eltern-Kind-Verständigung. Ratingen: Oberstebrink 2003

Van den Bergh, B. Die Bedeutung der pränatalen Entwicklungsperiode. Praxis der Kinderpsychologie und Kinderpsychiatrie 2004; 4: 221–236

Bodenmann, G. Wie Partnerschaft gelingt. In: Fthenakis, W. Das Online-Familienhandbuch. www.familienhandbuch.de, 31.3.2007

Bowlby, J. Bindung und Verlust. Band 1–3. München, Basel: Ernst Reinhardt 2006

Brazelton, TB, Cramer, BG. Die frühe Bindung. Die erste Beziehung zwischen dem Baby und seinen Eltern. Stuttgart: Klett-Cotta 1991

Braun, AK. Erfahrungsgesteuerte neuronale Plastizität. Bedeutung für die Pathogenese und Therapie psychischer Erkrankungen. Der Nervenarzt 2001a; 1: 3–10

–, Frühe Erfahrungen beeinflussen die Entwicklung des Gehirns. Die Hebamme 2001b; 4: 195–199

Brisch, KH, Grossmann, KE, Grossmann, K, Köhler, L. Bindung und seelische Entwicklungswege. Stuttgart: Klett-Cotta 2002

Bürgin, D (Hrsg.). Triangulierung. Der Übergang zur Elternschaft. Stuttgart: Schattauer 1998

Bullinger, H. Wenn Männer Väter werden. Schwangerschaft, Geburt und die Zeit danach im Erleben von Männern. Überlegungen, Informationen, Erfahrungen. Reinbek: Rowohlt 1983

–, Wenn Paare Eltern werden. Die Beziehung zwischen Frau und Mann nach der Geburt ihres Kindes. Reinbek: Rowohlt 1986

Chugani, H. Neuroimaging of developmental non-linearity and developmental pathologies. In: Thatcher, RW, Lyon, GR, Rumsey, J, Krasnegor, N (eds.). Developmental Neuroimaging: Mapping the Development of Brain and Behavior. San Diego: Academic Press 1997; 187–195

Cierpka, M, Lehmkuhl U, Lenz A, Seiffge-Krenke I, Streeck-Fischer A. Praxis der Kinderpsychologie und Kinderpsychiatrie 2000; 8

Cowan, CP, Cowan, PA. Wenn Partner Eltern werden. München: Piper 1994

Cramer, B. Frühe Erwartungen. Unsichtbare Bindungen zwischen Mutter und Kind. München: Kösel 1991

Dornes, M. Der kompetente Säugling. Die präverbale Entwicklung des Menschen. Frankfurt/M.: Fischer 1993

–, Die emotionale Welt des Kindes. Frankfurt/M.: Fischer 2000

Egle, UT, Hardt, J, Franz, M, Hoffmann, SO. Psychosoziale Belastungen in der Kindheit und Gesundheit im Erwachsenenalter. Möglichkeiten der Prävention in der Psychosomatischen Medizin. Psychotherapeut 2002; 47: 124–127

Families and Work Institute. Rethinking the Brain: Early Childhood Brain Development Presentation Kit. New York: Families and Work Institute 1998

Fries, M. Unser Baby schreit Tag und Nacht. Hilfen für erschöpfte Eltern. 2. Aufl. München: Ernst Reinhardt 2006

Fthenakis, WE. Väter. Band I: Zur Psychologie der Vater-Kind-Beziehung. München: Urban & Schwarzenberg 1985

–, Väter. Band II: Zur Vater-Kind-Beziehung in verschiedenen Familien-Strukturen. München: Urban & Schwarzenberg 1988

–, Kalicki, B, Peitz, G. Paare werden Eltern. Die Ergebnisse der LBS-Familien-Studie. Opladen: Leske + Budrich 2002

Gerber, M. Dein Baby zeigt Dir den Weg. Mit Kindern wachsen. Emmendingen: Arbor

Gloger-Tippelt, G. Schwangerschaft und erste Geburt. Mainz: Kohlhammer 1988

Gregor, A. Exzessives Schreien bei Säuglingen und intrafamiliale Kommunikationsmuster – Eine Längsschnittstudie. Frankfurt am Main: Peter Lang 2002

–, Cierpka, M. Das Baby verstehen. Das Handbuch für Hebammen zum Elternkurs. Bensheim: Verlag der Karl Kübel Stiftung 2004

Hau, T, Schindler, S (Hrsg.). Pränatale und perinatale Psychosomatik. Richtungen, Probleme, Ergebnisse. Stuttgart: Hippokrates 1982

How to Read your Baby. Listen, Love, Play. Partners in Parenting Education. Educator's Guide for the Partners in Parenting Education Curriculum. Second Edition. Denver, Colorado: How to Read your Baby 2002

Hüther, G. Biologie der Angst. Wie aus Stress Gefühle werden. Göttingen: Vandenhoeck & Ruprecht 2001

Janus, L. Wie die Seele entsteht. Heidelberg: Mattes 1997

Keller, H. Handbuch der Kleinkindforschung. Bern: Huber 2003

–, Lohaus, A. Was Dein Kind Dir sagen will. Niedernhausen/Ts.: Falken 2000

Klaus, MH, Klaus, PH. Das Wunder der ersten Lebenswochen. München: Kösel 1998

–, Kennell, JH, Klaus, PH. Der erste Bund fürs Leben. Reinbek: Rowohlt 1997

Largo, R. Babyjahre. Die frühkindliche Entwicklung aus biologischer Sicht. München: Piper 2001

Lucas, S. Schreibabys. Ein Hilfebuch für Eltern. München: Econ und List 1999

Mahler, MS, Pine, F, Bergman, A. Die psychische Geburt des Menschen. Symbiose und Individuation. Frankfurt a.M.: Fischer 1987

Murray, L, Andrews, L. The social Baby. Understanding Babies' Communication from Birth. Surrey, United Kingdom: CP Publishing Richmond 2000

Papoušek, M. Umgang mit dem schreienden Säugling. Sozialpädiatrie 1985; 7: 294–357

–, Vom ersten Schrei zum ersten Wort. Anfänge der Sprachentwicklung in der vorsprachlichen Kommunikation. Bern: Huber 1994

–, Die intuitive elterliche Kompetenz in der vorsprachlichen Kommunikation als Ansatz zur Diagnostik von präverbalen Kommunikations- und Beziehungsstörungen. Kindheit und Entwicklung 1996; 5: 140–146

–, Rothenburg, S, Cierpka, M, von Hofacker, N. DVD-Fortbildung für Kinderärzte/-innen: Regulations- und Beziehungsstörungen der frühen Kindheit. Schrei-, Schlaf-, Fütter- und Gedeihstörungen in der Kinderarztpraxis. 2004

–, M, Schieche, M, Wurmser, H. Regulationsstörungen der frühen Kindheit. Frühe Risiken und Hilfen im Entwicklungskontext der Eltern-Kind-Beziehungen. Bern: Huber 2004

Resch, F. Entwicklungspsychopathologie des Kindes- und Jugendalters. Weinheim: Psychologie Verlagsunion 1999

Roth, G. Fühlen, Denken, Handeln. Wie das Gehirn unser Verhalten steuert. Frankfurt/M.: Suhrkamp 2001.

Schindler, S. Der Einfluss der Paarbeziehung auf das ungeborene Kind. Partnerberatung 1980; 17: 111–115

–, Der Dialog mit dem Ungeborenen. In: Figl, J, Waldschütz, E (Hrsg.): Ganzheitliches Denken. Wien: Universitätsverlag 1989; 119–125

Sears, W, Wacker, IO. Das „24-Stunden-Baby": Kinder mit starken Bedürfnissen verstehen. Schweiz: La Leche Liga International 1998

Seiler, TB, Wannenmacher, W. Begriffs- und Bedeutungsentwicklung. In: Oerter, R, Montada, L. Entwicklungspsychologie. Ein Lehrbuch. Weinheim: Psychologie Verlagsunion 1987, 463–505

Shore, R. Rethinking the Brain. New Insights into Early Development. New York: Families and Work Institute 1997

Spitz, AR. Vom Säugling zum Kleinkind. Naturgeschichte der Mutter-Kind-Beziehungen im ersten Lebensjahr. Stuttgart: Klett-Cotta 1967

Stern, D. Mutter und Kind. Die erste Beziehung. Stuttgart: Klett-Cotta 1979

–, Die Mutterschaftskonstellation. Stuttgart: Klett-Cotta 1999

–, Die Lebenserfahrungen des Säuglings. Stuttgart: Klett-Cotta 2000

Strauß, B, Buchheim, A, Kächele, H. Klinische Bindungsforschung. Theorien, Methoden, Ergebnisse. Stuttgart: Schattauer 2002

Werneck, H. Die „neuen" Väter. In: Fthenakis, W. Das Online-Familienhandbuch. www.familienhandbuch.de, 31.3.2007

–, Der werdende Vater. In: Fthenakis, W. Das Online-Familienhandbuch. www.familienhandbuch.de, 31.3.2007

Zentner, MR. Die Wiederentdeckung des Temperaments. Eine Einführung in die Kinder-Temperamentsforschung. Frankfurt/M.: Fischer 1998

Zimmer, K. Was mein Baby sagen will. So finden Eltern mehr Vertrauen in ihre angeborenen Fähigkeiten. München: Goldmann 2000

–, Erste Gefühle. Wie Eltern und Baby einander kennen und lieben lernen. München: Goldmann 2001

–, Warum Babys und ihre Eltern immer alles richtig machen. Über die ungeahnten Fähigkeiten, die Ihnen die Natur in die Wiege gelegt hat. München: Goldmann 2002

Internet:

www.familienhandbuch.de
www.gaimh.de
www.Schatten-und-Licht.de

Video:

Largo, R, Becker, M, Meier, W. Verhaltensbeobachtungen am gesunden Neugeborenen. Teil 3: Beziehungsverhalten. VHS-Film, Kinderspital Zürich

Hans-Helmut Decker-Voigt
Mit Musik ins Leben

Unter Mitarbeit von Sebastian Behnk
(»Kinder sind Kinder«; 31)
2008. 213 Seiten. Innenteil zweifarbig.
(978-3-497-01928-1) kt

Schon im Mutterleib erlebt das Baby
Rhythmen, musikalische Dynamik und
Melodien durch den Herzschlag der
Mutter, ihre Stimme, Geräusche der
Außenwelt.

- Wie entwickeln sich Musikerleben und Hörvermögen des
  Kindes?
- Wie prägen uns frühe Rhythmen?
- Wie beeinflusst Musikerleben die Persönlichkeitsentwick-
  lung?

Der Autor erklärt Eltern die spannendsten Forschungsergebnisse zum Musikerleben von der Schwangerschaft bis in die
frühe Kindheit. Für jede Entwicklungsphase gibt er Anregungen, wie man Kinder spielerisch mit Musik begleiten, fordern und anregen kann: in gemeinsamen Ritualen, mit Singen,
Rhythmus- und Bewegungsspielen. Dabei lernen Eltern vor
allem Eines: genau hinhören und mitschwingen mit dem individuellen Rhythmus ihres Kindes.

ℝ reinhardt
www.reinhardt-verlag.de

Mauri Fries
Unser Baby schreit Tag und Nacht

Hilfen für erschöpfte Eltern
(»Kinder sind Kinder«; 18)
2., neugest. Auflage 2006. 125 Seiten.
Mit 10 Fotos
(978-3-497-01849-9) kt

Manche Babys schreien sehr häufig und scheinbar ohne Grund. Für die Eltern ist dieses ständige Schreien oft eine große Belastung: Sie fühlen sich unsicher, erschöpft, machtlos und allein gelassen. Mauri Fries zeigt, wie Eltern sich und ihrem Baby helfen können, und antwortet auf ihre Fragen:

- Welche Fähigkeiten hat ein Baby bereits von Geburt an?
- Wie reagiert es auf verschiedene Reize?
- Wie steuert das Baby sein Verhalten?
- Wie können Eltern sich selbst helfen?
- Wo finden Eltern professionelle Hilfe?
- Was geschieht in einer Beratung?

ℰⱽ reinhardt
www.reinhardt-verlag.de

Hermann Liebenow
Konsequenz – Eltern lernen, was Kinder brauchen

Mit Zeichnungen von Manfred Bofinger
(»Kinder sind Kinder«; 26)
2., überarbeitete und erweiterte Auflage
2004. 151 Seiten.
(978-3-497-01701-0) kt

Wie kann ich meinen Kindern aufmerksam und gerecht begegnen, ständige Streitereien vermeiden, sie liebevoll unterstützen und ihre Selbststeuerung stärken? Eltern brauchen dazu kein umfassendes Regeltraining. Ein humorvolles Verständnis der Entwicklungsphasen und wenige wirklich passende Merksätze genügen meist: Denn erzieherische Konsequenz ist ein Umgangsstil, den man leicht üben und einführen kann.

Der erfahrene Erziehungsberater Hermann Liebenow schildert alltagspraktisch, wie schon Babys Aufmerksamkeit entwickeln und Kleinkinder Weisungen beachten lernen, wie Kindergarten- und Schulkinder Regeln lernen. Eine praktische und fundierte Hilfe für den konsequenten Umgang in der Familie.

reinhardt
www.reinhardt-verlag.de